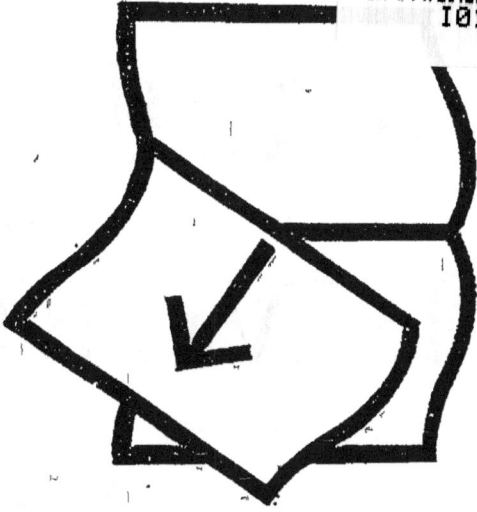

L'AMOUR
ET
LE DIVORCE

PAR

M. le Chevalier de MAYNARD

EX-CONSEILLER DE PRÉFECTURE DE LA MANCHE
MEMBRE DE L'INSTITUT DES PROVINCES

> Fortis est ut mors dilectio, dura sicut inf-r-
> nus æmulatio : lampades ignis, atque flam-
> marum.
> SALOMON, *Cantique des Cantiques*, ch. VIII.

> Vous *permettez*, en ne châtiant pas dûment
> le vice, mais en le favorisant par une lâche
> connivence, en le *dissimulant* par une fausse
> philosophie et en le laissant impuni.
> Barthélemy HOLZHAUSER, *Interprétation
> de l'Apocalypse*, l. I, sect. IV, p. 145.

SECONDE ÉDITION TRÈS AUGMENTÉE

PARIS

AUGUSTE GHIO, ÉDITEUR
Palais-Royal, 1, 3, 5, 7 et 115, Galerie d'Orléans

—

1884

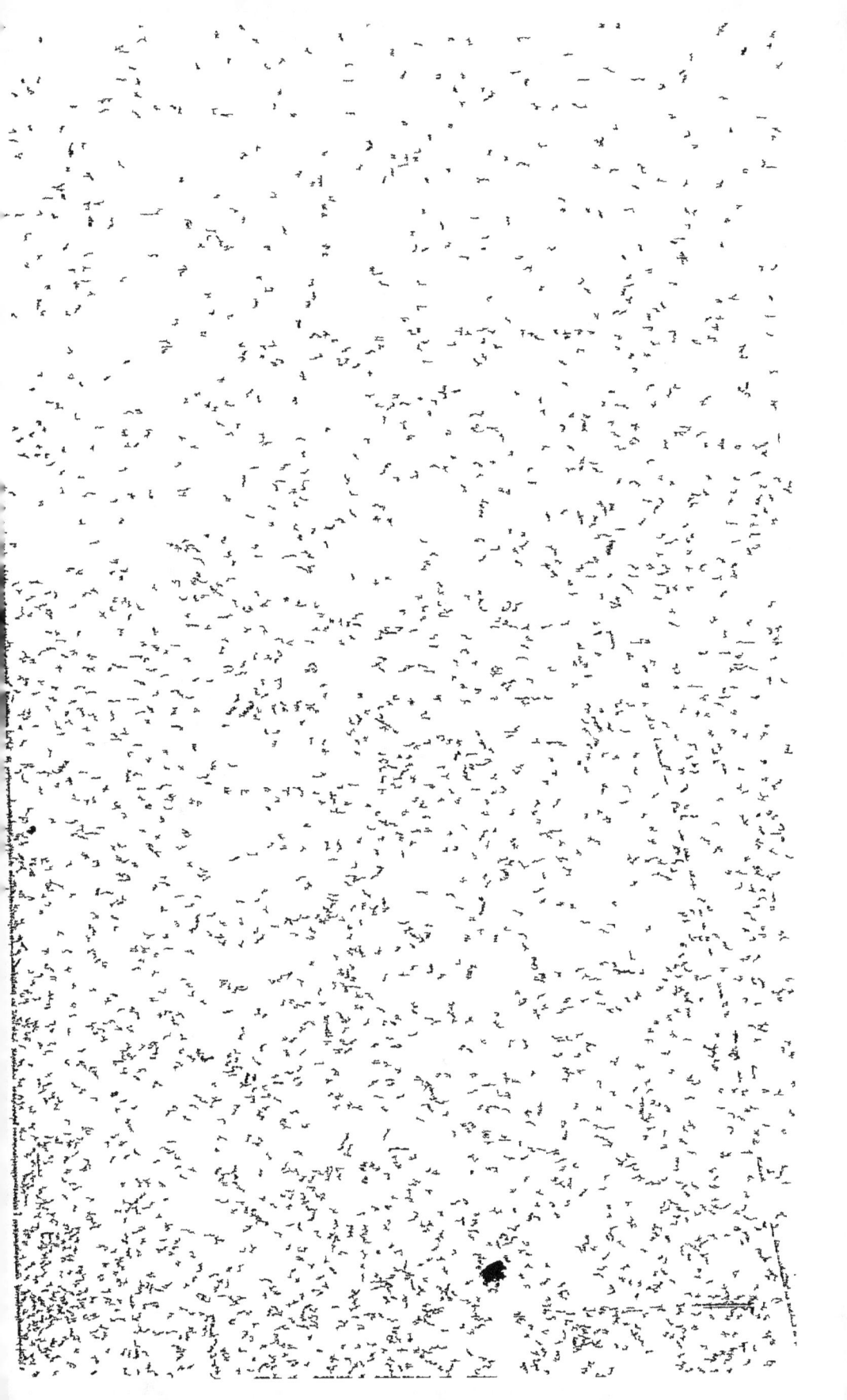

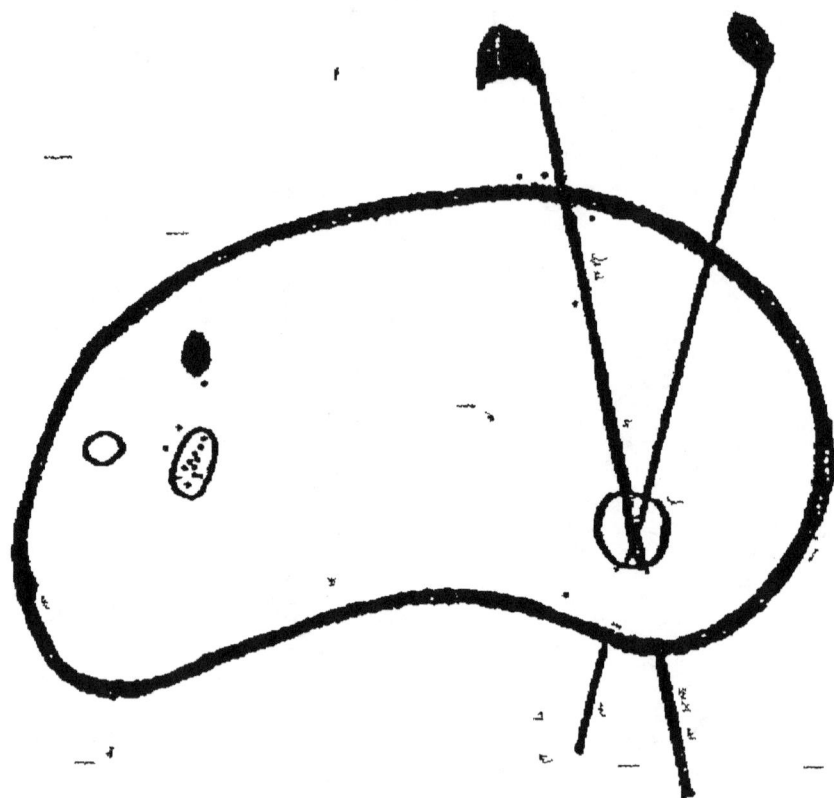

FIN D'UNE SERIE DE DOCUMENTS
EN COULEUR

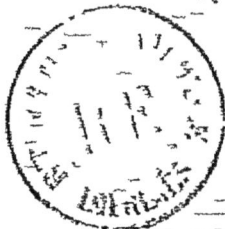

L'AMOUR

ET

LE DIVORCE

DU MÊME AUTEUR :

Le Livre Final de l'Epopée des Ages ou la Démocratie-Socialiste et le dernier des Despotes.

Un volume présentant la corrélation de notre époque avec celle qui est annoncée comme devant précéder les événements qui auront lieu à la fin des temps,

Prix, chez l'éditeur : 1 fr. 50 et 1 fr. 75 par la poste.

La Femme de l'Avenir.

Deuxième édition.

Un volume critique des mœurs du temps.

Prix, chez l'éditeur : 1 fr, 50 et 1 fr. 75 par la poste.

On peut se procurer ces ouvrages par l'intermédiaire des libraires de province; on sait qu'ils ont tous des correspondants à Paris.

PARIS. — IMP, V. GOUPY ET JOURDAN, RUE DE RENNES, 71.

L'AMOUR

ET

LE DIVORCE

PAR

M. le Chevalier de MAYNARD

EX-CONSEILLER DE PRÉFECTURE DE LA MANCHE
MEMBRE DE L'INSTITUT DES PROVINCES

Fortis est ut mors dilectio, dura sicut infernus æmulatio : lampades ignis, atque flammarum.

SALOMON, *Cantique des Cantiques*, ch. VIII.

Vous *permettez*, en ne châtiant pas dûment le vice, mais en le favorisant par une lâche connivence, en le *dissimulant* par une fausse philosophie et en le laissant impuni.

Barthélemy HOLZHAUSER, *Interprétation de l'Apocalypse*, l. I, sect. IV, p. 145.

SECONDE ÉDITION TRÈS AUGMENTÉE

PARIS

AUGUSTE GHIO, ÉDITEUR

Palais-Royal, 1, 3, 5, 7 et 115, Galerie d'Orléans

1884

PRÉFACE

J'ai, de l'amour, bien entendu médire ;
Pour le louer s'élevaient d'autres voix ;
Ailleurs c'étaient des cris pour le maudire,
Tout à côté l'on bénissait ses lois.

Je me suis dit : parmi tous ces contrastes,
Où découvrir quelle est la vérité ?
De l'univers j'ai consulté les fastes,
Depuis nos jours jusqu'à l'antiquité.

Ainsi du monde interrogeant les âges,
Dont vient le cours dans la nuit se perdant,
Du temps qui fuit j'ai sondé les nuages,
De mon regard curieux et prudent.

J'ai vu l'amour passer comme un fantôme,
Devant mon œil, calme, investigateur ;
Tantôt petit comme un léger atôme,
Tantôt géant, cruel dominateur.

J'ai vu ses mains répandre sur la terre,
Les voluptés et leurs brûlants désirs,
Et sous ses pas s'ouvrir comme un cratère
De lave en feu, de douleurs, de plaisirs.

1

J'ai vu surgir ses démences, ses hontes,
Et ses remords qui bourrelaient le cœur ;
J'ai contemplé ses regrets, ses mécomptes,
Quand il donnait à d'autres le bonheur.

J'ai vu l'amour s'unir avec son frère
Le doux hymen assimilant deux cœurs,
Et puis briser cette union prospère,
Par le caprice enfantant mille erreurs.

J'ai vu nos lois édictant le divorce,
Sanctionner les fantasques désirs,
Ouvrant la voie, ainsi par cette amorce,
Aux feux cachés, aux coupables soupirs.

Enfin, j'ai vu poètes, philosophes,
Diversement raisonner des amours ;
Les uns lançaient de rudes apostrophes,
D'autres en eux voyaient les plus beaux jours.

Pour reposer mon esprit à la peine,
Tant ballotté par ces divers avis,
J'ai recueilli ma pensée incertaine
Pour la monter jusqu'aux divins parvis. —

J'ai pris l'amour à sa sainte origine,
L'amour de Dieu dans son immensité.
Dont un rayon descend, brûle, illumine,
Remplit les cœurs d'ardente charité.

La charité, dans son élan sublime,
Fait aimer Dieu de tout notre pouvoir

Pour le prochain dans les cœurs elle imprime
Son sentiment, affectueux devoir.

Amour pieux, lien sacré du monde
Entre le ciel et notre humanité,
De toi découle une source féconde
De dévoûments et de fraternité !

Arrêtons-nous aux bien douces images
Que ces pensers présentent à l'esprit,
Elles naîtront à mes dernières pages,
Fermez, lecteur, sur elles cet écrit.

INTRODUCTION

Dans ce petit écrit je me suis fait critique,
En suivant d'Holzauser le précepte énergique ;
Il veut que franchement le vice soit blâmé,
Sans dissimuler rien que tout soit exprimé :
C'est de l'Apocalypse, éminent interprète,
Qu'il tire sa leçon défendant qu'on *permette*
En ne châtiant pas sans faiblesse et sans fard,
Le monde qui, sans frein, court d'écart en écart.
Mon volume est un cours d'hygiène morale ;
Telle est pour le physique une œuvre médicale,
Dans ses enseignements des maux qu'on veut guérir,
Tout s'exprime au lecteur, tout se doit découvrir,
Il peut saisir ainsi la nature et les causes
Des ulcères profonds, des moindres ecchymoses,
Voyant tous leurs aspects, même les plus hideux,
Qu'à regret cependant on lui met sous les yeux ;
J'ai donc résolûment, et sans nulle équivoque,
Dépeint ce que l'amour devient à notre époque,
S'éloignant de son but divin, originel,
J'ai dit la vérité, mais souvent ce réel
Est pour l'esprit humain une clarté trop vive ;
Elle offusque ses yeux, devant elle il s'esquive

Il faut pour captiver toute l'attention
Du lecteur qui fuirait plein d'irritation,
Mettre sous son regard quelque plus douce image
Qui puisse le fixer, l'arrêter au passage.
Voilà ce que j'ai fait : tout homme intelligent,
Voyant l'humanité, sagement la jugeant,
Saura s'en rendre compte et devra me comprendre :
L'homme ignorant, léger, seul n'y peut rien entendre.

I

L'AMOUR

Anthropologique et Sensuel.

Crescite et multiplicamini.
(GENÈSE, chapit. 1er.)

Tout le monde sait à combien d'ordres d'idées différentes le mot amour est attaché ; ainsi, amour de la gloire, du beau, de l'étude, de la science, du travail, de la patrie, etc., et tout le monde sait encore que, dans tous ces cas, il a toujours la même acception, c'est-à-dire qu'il signifie une vive et puissante ardeur nous portant vers l'objectif auquel on l'associe ; de même qu'employé seul, il exprime dans la même mesure, l'attraction des deux sexes l'un vers l'autre, et c'est à ce point de vue que je me propose d'en discourir d'abord.

Un tel sujet présente assurément de grandes difficultés ; je prévois à combien d'obstacles j'aurai à me heurter, et quel travail il me faudra pour les tourner, afin que l'expression destinée à rendre les choses et les pensées, ne sorte jamais de cette délicatesse de langage que commandent les convenances, sans pourtant cesser de faire très bien comprendre ce qu'on veut dire; car, je ne veux rien omettre, rien dissimuler : je veux, comme on pourrait le faire dans un amphithéâtre de médecine, disséquer mon sujet, exposer nettement tous ses détails, montrer ses plaies même les plus dégoûtantes et, pour blâmer le vice, le décrire, non pas complaisamment, mais répulsivement sous toutes ses formes; en un mot, je veux parcourir dans toute son étendue la carrière que je vois s'ouvrir devant moi.

Je ne dirai pas, comme le père Didon au sujet des détails dans lesquels il est obligé d'entrer dans sa deuxième conférence sur l'indissolubilité du mariage : « si les vieilles prudes s'effarouchent, c'est un signe que le cœur est mal fait. » (Le père Didon, conférence sur l'indissolubilité des mariages, p. 44, deuxième conférence : l'indissolubilité du mariage devant le droit naturel.) Je n'ai pas l'autorité de l'éloquent prédicateur pour m'exprimer si carrément, mais plutôt, je réclamerai modestement de mes lecteurs l'indulgence dont je sens que j'aurai besoin.

Ce livre, au surplus, est à la fois une œuvre de physiologie et de morale; le sujet y est traité en abordant nettement ses principaux traits; ainsi viennent sous ma plume toutes les manifestations de l'amour depuis celles qui sont légitimes jusqu'à celles où, se fourvoyant, il arrive d'étape en étape dans les voies du vice élégant ou abject; mais ce que l'on trouve invariablement dans ces pages, c'est la condamnation de ses écarts, c'est la flétrissure qui leur est infligée, quelque forme qu'ils affectent, soit qu'ils aient une prétention à la distinction, soit qu'ils tombent dans le trivial ou l'ignoble.

Comme tous les traités de ce genre, celui-ci ne peut assurément pas être mis entre les mains de tout le monde; mais, pour lui reprocher d'être contraire aux bonnes mœurs, il faut que la personne qui porte ce jugement, soit animée ou de la plus acerbe, ou de la plus niaise malveillance, selon qu'elle a plus ou moins d'esprit et de sens commun; en effet, pour stigmatiser le vice, on doit nécessairement dire ce qu'il est, autrement on frapperait sur quoi? sur rien; on donnerait, comme Don Quichotte, des coups dans le vide puisque aucun exposé n'indiquerait ce dont il s'agit; une semblable manière d'opérer serait tout simplement absurde

1.

et celui qui l'adopterait, prouverait qu'il n'a pas le sens commun; je renvoie donc à l'appréciation du père Didon ceux qui me blâment, j'en suis fâché pour eux, mais je ne puis m'empêcher de reconnaître que l'éminent prédicateur dit vrài, et, cependant, il s'est trouvé une personne exagérément pudibonde dont l'esprit s'est cabré à la lecture de la première édition, elle m'a adressé des observations contenant un blâme, c'était son droit, mais ce qui ne l'était pas, c'était d'affecter un ton d'autorité que rien ne justifiait, je ne suis pas son subordonné; j'avoue que je n'ai pu résister au désir de mentionner ici cette particularité comme type du genre prétentieux, mais laissons cet incident et passons outre.

L'amour produit son action sur tous les êtres animés qui parcourent en marchant, en rampant, ou se traînant, sur la surface solide de la terre, sur tous les habitants des eaux, soit des fleuves, soit des océans, depuis l'huître, attachée à son rocher, jusqu'aux gigantesques monstres marins, qui plongent au fond des abîmes, et remontent à la surface des flots qu'ils font bouillonner dans leurs prodigieux ébats; enfin cette attraction se fait sentir sur tout le peuple ailé qui anime, dans la domesticité, les environs des habitations de la campagne, qui habite sous la ramée des buissons et des bois et voltige dans nos champs, ou qui, hôte des plus hautes cimes de montagnes, s'élance dans son vol hardi à travers les espaces, jusque dans les régions les plus élevées où se forment les orages, où les eaux condensées en nuages, flottent dans l'éther sous les formes les plus bizarres, les plus capricieuses, les plus fantastiques.

Un spirituel auteur a même publié un charmant volume intitulé : *Les amours des plantes.*

Mais, sans sortir du règne animal, c'est-à-dire des êtres animés en général, soit par une âme, l'homme, soit par un fluide vital, les bêtes, chez lesquelles l'amour se produit d'une manière plus saisissable, disons qu'il a deux manifestations distinctes, l'une matérielle, l'autre psychologique, c'est-à-dire les sens et le cœur, ou l'instinct et le sentiment. Chez les animaux, c'est la première seule qui agit, et chez l'homme c'est l'une et l'autre, mais non pas toujours simultanément, les sens parlent souvent sans l'intervention du cœur.

Lorsque Dieu eut créé tous les animaux mâles et femelles, puis l'homme et la femme, points culminants des êtres vivants, il leur dit : croissez et multipliez. C'était la loi naturelle par l'accomplissement de laquelle l'univers devait être peuplé de toutes les espèces; c'était l'instinct de la reproduction que ces paroles inoculaient dans le sang, dans les fibres, dans les os de la brute comme dans ceux de l'être doué d'une intelligence, l'homme, pour lequel l'attraction des deux sexes l'un vers l'autre eut un second but, celui de lui donner une compagne affectueuse, partageant avec lui les chances de la vie dans la bonne comme dans la mauvaise fortune.

Mais, si les animaux perçoivent les sensations érotiques seulement par les sens, l'homme, qui joint à son corps une âme douée de facultés diverses, est impressionné par l'amour au point de vue sensuel et au point de vue du sentiment.

Nous venons de dire que l'homme a une âme, et que cette âme est douée de facultés diverses; leur action se fait sentir sur les différentes parties de notre être, et a pour effets tous nos actes physiques et moraux; sans nous occuper de leur multiplicité, bornons-nous à ceux qui ont rapport au sujet que je traite ici. Nous dirons donc que l'âme perçoit l'amour par trois de ses facultés : 1° la faculté animale, qui est l'instinct de la reproduction, la conséquence des paroles du créateur : croissez et multipliez; 2° la faculté du sentiment, dont on s'accorde à placer le foyer dans le cœur; 3° la faculté de l'imagination, dont on pense que le cerveau est

le siège, comme il l'est de l'intelligence, de l'esprit
et de la pensée. Nous allons nous occúper ici de
l'action de la première ; quand à celle des deux
autres, elle viendra ensuite.

Or, ces trois facultés, ayant des fonctions différentes à remplir dans notre existence, agissent différemment sur notre être. La première, l'instinct
matériel, perçoit ses impressions par une sorte
d'intuition animale naturelle et sensuelle, pour la
définition de laquelle il serait difficile de trouver de
chastes expressions. Or, tous les êtres humains
sont susceptibles d'éprouver cette émotion des sens,
parce que tous sont susceptibles d'engendrer, parce
que c'est la condition indispensable de la perpétuité de l'espèce : c'est ce qu'on est convenu d'appeler le désir.

Aussitôt que cette impression s'est fait sentir, un
frémissement parcourt tous les nerfs, une vive ardeur met le sang en ébullition, tout l'organisme
physique en ressent l'effet, et l'être qui est sous son
empire est emporté comme par un torrent vers les
voluptés matérielles. Cette situation de notre être
constitue alors pour nous un besoin presque aussi
impérieux, quelquefois même davantage, que celui
de boire et manger.

M. Max Müller, dans son essai sur la mythologie

comparée, cite la correspondance entre un Brahmane orthodoxe et un journal de Madras, ce qui y est dit dont j'extrais le passage qui va suivre, peut servir à affirmer l'opinion que je viens d'émettre, en montrant quelle a été admise de tous temps et partout :

« Il est vrai qu'il n'existe pas sur la terre de plus « grande bénédiction que l'amour, c'est ce que « prouvent les paroles du poète : « Dis-moi, la de- « meure du Dieu à l'œil de lotus est-elle plus douce « qu'un rêve sur l'épaule de sa bien-aimée ? » Au- « cun enivrement n'est aussi puissant que l'enivre- « ment de l'amour, c'est ce que prouve un autre « vers du même poète : « Non, ce n'est pas le vin du « palmier, c'est l'amour qui court dans les veines « et qui transporte même par la vue. » Bien plus « l'amour est un feu au-dessus de tous les autres « feux. »

Nos pères, avec cette naïveté, cette simplicité qui les faisait s'expliquer sans ambages, ont en maintes circonstances, en prose, en vers, dans des œuvres sérieuses et philosophiques, comme dans des chansons, envisagé cette question au même point de vue ; on voudra bien me pardonner de citer à ce sujet les deux premiers vers d'une très vieille chan-

-son, que l'on disait encore dans mon enfance, les
voici :

Besoin d'aimer est pour nous sur la terre,
Comme l'air pur qui vient nous animer.

c'était, comme on le voit, une autre nécessités de
notre existence que l'auteur prenait pour terme de
comparaison, une nécessité dont l'élément qui y
répond n'est pas moins indispensable à notre être
physique que les aliments dont on le nourrit.

Qui pourrait dire combien de monstruosités de
toutes sortes, ce besoin de voluptés arrivé à un trop
haut paroxysme a pu produire? Hélas! l'histoire
profane et l'histoire sacrée, comme les fastes judiciaires, en fournissent de nombreux exemples; il
n'est sorte de fureurs, d'extravagances ou simplement de bizarreries dépravées auxquelles on ne soit
capable de se livrer. C'est assurément déplorable à
dire, mais il n'est pas moins vrai que, dans ces circonstances, la raison peut être dominée presque
invinciblement.

Platon, dans son dialogue intitulé le *Banquet*,
attribue à l'amour matériel une singulière origine
que je ne puis résister au désir de reproduire ici.
Faisant intervenir Aristophane comme un de ses in-

terlocuteurs; il lui fait dire qu'à l'origine, les dieux avaient créé l'homme avec deux corps, deux visa-ges, quatre bras, quatre jambes et les deux sexes; que, plus tard, Jupiter, lui trouvant sous cette forme une trop grande puissance, en conçut de l'ombrage et les sépara pour les affaiblir, puis il ordonna à Apollon de cicatriser la plaie : c'est, prétend le philosophe payen, du désir de ces deux parties d'un même être de se rejoindre, qu'est venue l'origine de l'amour sexuel.

Cette fable, comme toutes celles de la mythologie et de la cosmogonie payenne, était un souvenir confus de la tradition conservée intacte chez les patriarches qui en avaient le dépôt sacré, et qui était défiguré, altéré, transformé de mille façons chez les nations.

Ainsi, Moïse dit dans la genèse que Dieu créa l'homme mâle et femelle; *masculum et feminam creavit illos.* Il ne s'agit donc pas d'un seul, puisque c'est le pluriel qui est employé, *illos.*

En effet, le livre saint nous apprend que l'homme fut créé d'abord seul, et que Dieu ayant fait passer sous ses yeux tous les animaux, Adam s'étonna de voir chaque espèce par couple, tandis que lui n'avait point de semblable; ce fut alors qu'eut lieu la création de la femme de la manière que nous savons tous. Voilà le détail de ce grand fait énoncé en gros dans les expressions citées plus haut.

Milton, dans son poème le *Paradis perdu*, se trompa aussi considérablement que le philosophe païen au sujet de l'origine de l'attraction sensuelle des deux sexes l'un vers l'autre; il en fait arriver le premier acte, comme immédiate conséquence de la fatale connaissance de la science acquise par nos premiers parents en mangeant le fruit qui leur était défendu.

Il y a là une double erreur: la première c'est qu'il ressort du texte de la Bible, que ce ne fut que long-temps après être sortis du paradis terrestre, qu'Adam connut Eve : la seconde c'est qu'il n'était pas besoin que le mal fût entré dans le monde par la désobéissance de nos premiers parents, pour qu'ils accomplissent la loi naturelle de la génération, loi absolue, sans laquelle ils n'eussent point eu la postérité qu'ils étaient destinés par le créateur à produire : leur innocence ne consistait donc point à ignorer l'amour sensuel, mais bien à ne le connaître que dans les limites nécessaires à la reproduction.

Dans la réalité, bien qu'Adam et Eve aient éprouvé aussitôt qu'ils eurent mangé le fruit défendu, le sentiment de la pudeur que ne leur avait pas révélé leur innocence native, ce ne fut que longtemps

,après qu'ils ressentirent les premiers effets de l'attraction naturelle des sexes l'un vers l'autre.

' Il n'est pas dit précisément dans l'Ecriture quel âge avaient les deux premiers ancêtres des humains quand ils furent bannis de l'Eden, mais il en ressort implicitement que ce ne fut pas beaucoup d'années après leur création que ce fait eut lieu, il est au contraire précisément déterminé que ce ne fut qu'après leur expulsion qu'eurent lieu entre Adam et Eve les premiers rapprochements de l'amour, et qu'ils eurent leur premier enfant, Caïn, puis Abel et qu'ils avaient cent trente ans quand naquit Seth. Cet âge serait une extrême longévité aujourd'hui, mais à l'époque d'Adam, qui a vécu neuf siècles, on était encore à cent ans en pleine sève de la jeunesse, de cet âge qu'on appelle celui des plus ardents désirs, bien qu'ils le soient tout autant à des époques plus avancées de la vie, souvent même quand la neige a déjà blanchi nos têtes.

S'il est donc certain que ce ne fut qu'après leur expulsion de l'Eden, que nos premiers parents eurent des rapports sexuels, rien n'indique d'une manière précise combien il s'écoula de temps entre les moments où se produisirent ces deux faits ; toutefois, on croit généralement qu'il y en eut un assez considérable. Adam et Eve conservèrent encore longtemps leur ignorance native de l'action des sens.

En mangeant le fruit de l'arbre de la science du bien et du mal, le sentiment de la concupiscence était bien entré dans le cœur des deux premiers humains, mais il n'y était que vaguement, et d'ailleurs, ce sentiment n'exerce pas exclusivement son action sur les sens, il est encore l'instigateur de tous les mauvais désirs, de quelque nature qu'ils soient ; c'est l'instinct du mal infiltré dans tout notre être ; or, celui de la génération n'étant pas un mal en lui-même, puisque Dieu en avait fait la condition de la propagation de l'espèce humaine, Adam et Ève l'eussent ressenti naturellement et indispensablement lors même que la concupiscence ne fût pas entrée dans leur cœur et qu'ils fussent restés dans le paradis terrestre, puisque Dieu leur avait dit en les créant : *croissez et multipliez*, et que, par conséquent, sa volonté était qu'il en fût ainsi. Seulement dans la suite des siècles l'attraction des deux sexes l'un vers l'autre n'eût jamais perdu son innocence primitive, elle serait restée dans les limites chastes de l'union conjugale instituée par le créateur pour les deux premiers humains.

Dans ma première édition, j'ai dit que nos premiers parents avaient cent ans quand naquit leur premier enfant ; c'était une erreur, ce n'est indiqué précisément nulle part, je le reconnais, car je n'ai jamais eu la sottise de reculer devant l'aveu de m'être trompé. En effet, il n'est pas présumable que, malgré leur naïveté et leur innocence, Adam et Eve qui avaient été créés dans toute l'expansion de leur force physique et morale, aient été si longtemps sans éprouver aucun désir sensuel ? Ils devaient avoir journellement sous leurs yeux les ébats des amours chez les animaux de toutes espèces ; toutes les péripéties de la gestation, tous les soins de la maternité, la béquée apportée par les volatiles à leurs petits, l'allaitement des quadrupèdes, et surtout chez les quadrumanes dont les actes ont tant de similitude avec ceux de l'espèce humaine ; comment donc se serait-il fait que tous ces tableaux n'aient point mis en mouvement dans leur être, l'ébullition de la nature amoureuse ? On ne pourrait expliquer cette espèce de phénomène que par l'extrême naïveté de leur innocence : bien qu'ayant toute la plénitude de leur intelligence et tout leur développement physique, ils étaient à ce point de vue comme sont les enfants dans les premiers âges de la vie : on éprouve en soi un vague et indéfinissable instinct de l'amour, un je ne sais quoi mystérieux qui fait ressentir confusément, nébuleusement, et sans causer aucun trouble ni moral, ni physique, les causes et les effets de la génération ; on ne saurait alors s'en rendre compte, mais on en a l'intuition : heureuse innocence ! que de douces expansions du cœur, elle n'a pas, il est vrai ; mais, aussi, que d'épines n'ensanglantent point ses pas dans le chemin de la vie !

Cependant, l'enfant grandit ; peu à peu les tableaux qu'il avait aperçus dans la brume et qui lui apparaissaient avec des formes incertaines, se dessinent plus nettement ; il s'en rend compte, et le désir naît.

Il se passait quelque chose d'analogue chez Adam et Eve quand, à leurs heures de repos, ils étaient assis l'un près de l'autre à l'ombre d'un chêne majestueux, ou des grands pins dont la cime pyramidale se balançait au souffle d'une brise légère ; ou encore, quand plus rapprochés par la crainte, lorsque sifflait la tempête ou grondait la foudre, ils se retiraient sous leur modeste et primitive demeure et cherchaient à se rassurer mutuellement : il m'a toujours semblé que ce devait être dans une situation analogue qu'ils avaient goûté les premières voluptés, quelque chose comme la scène entre Enée et Didon dans l'Enéide de Virgile.

Un jour que, par une chaude journée du mois de

mai, je m'étais levé de très grand matin, une légère somnolence alourdit mes paupières vers le midi, et je m'assoupis en laissant échapper de mes mains une bible dont je venais de lire les premières pages. Impressionné par les images de ces grandes scènes de la création, mon imagination qui veillait, perçant les gazes diaphanes que ce demi-sommeil jetait sur mes yeux, faisait défiler devant moi une foule de tableaux de l'existence primitive. Je voyais les deux premiers êtres humains franchissant, couverts de confusion et le visage inondé de pleurs, la limite de l'enceinte de l'Eden ; l'ange du Seigneur, armé d'une flamboyante épée, se tenait debout sur le seuil de l'entrée de ce délicieux séjour, vers lequel les deux exilés tournaient souvent leurs yeux, en laissant échapper un douloureux soupir du fond de leur poitrine oppressée. L'esprit céleste ne leur lançait point de menaçants regards, loin de là ses yeux exprimaient la plus tendre compassion, ils semblaient dire aux proscrits: pleurez, oh! oui, pleurez sur vos misères et vos chagrins futurs, mais, espérez ! Le juge qui vous a condamnés est bon, il aura pitié de vous; il vous assistera dans vos peines; il les adoucira et il réserve à votre postérité le plus grand prodige de sa miséricorde, il vous l'a promis, il est fidèle dans ses promesses. Il me semblait entendre résonner à mes oreilles des paroles mystérieuses, exprimant la même idée que le roi prophète, bien des siècles après la chute d'Adam, a traduites par celles-ci : *Juravit Dominus et non pœnitebit eum*

J'étais profondément ému à ce spectacle ; des larmes remplirent mes yeux et les voilèrent complètement pendant un instant.

Quand ce brouillard se dissipa, la scène avait changé, elle me reporta à bien des années après les événements que je viens de rappeler. J'aperçus une belle pelouse fraîche et verdoyante sous les rayons d'un resplendissant soleil ; à son extrémité, s'élevait une forêt de palmiers, dont la tige élancée balançait à une grande hauteur, les longues palmes du milieu desquelles sortent les dattes en grappes. Au pied de ces arbres se trouvait une cabane fort rudimentaire, à l'entour de laquelle des terrains cultivés attestaient du travail de l'homme ; différents animaux soumis à l'état de domesticité circulaient aux environs de cette habitation rustique, ou s'en éloignant, paissaient l'herbe de la pelouse ; un ruisseau tombant en cascatelles d'une roche qui surgissait du sol à quelque distance, semblait communiquer à tout ce paysage la fraîcheur de son onde transparente.

Je contemplais ce spectacle de la nature et d'un

art encore grossier, et je me disais : quels sont donc les êtres humains qui habitent cet oasis ?

Comme je me posais cette question, j'aperçus un homme et une femme qui sortirent d'un bois à une assez grande distance et se dirigèrent vers l'habitation. Je ne les eus pas plutôt envisagés, que je reconnus les deux pauvres proscrits de l'Eden. Cependant, ils avaient beaucoup modifié leur costume ; à la primitive feuille de figuier, ils avaient substitué des peaux qui, partant du bas des omoplates, descendaient le long du dos jusqu'au jarret, puis ramenées en avant, venaient se rattacher sur le côté entourant toute la partie inférieure du corps, depuis le genou jusqu'à la ceinture; de ce point, partait une lanière qui allait se fixer à la partie de ce vêtement qui tombait par derrière et le soutenait sur le corps. Par cette disposition, les bras restaient entièrement nus ainsi que les épaules et la poitrine. Je remarquerai, en passant, que la mode actuelle chez les femmes, a beaucoup de tendance à arriver, dans la coupe de leur corsage, à quelque chose d'analogue au costume des premiers temps du monde.

Les deux personnages que je voyais s'avançaient, l'homme chargé d'une lourde fascine de bois, et la femme de divers instruments très rudimentaires,

dont ils avaient sans doute eu besoin dans leur ex-
cursion. Comme ils approchaient de leur cabane,
un chien, ce fidèle ami de l'homme, vint à leur rencontre en donnant des signes de joie; deux tourterelles familières volèrent autour d'eux, un mouvement se produisit parmi tous les animaux domesti-
ques qui se trouvaient les plus rapprochés.

Adam et Eve déposèrent leur fardeau, et s'assirent
à l'ombre sur le gazon frais et moelleux en cet en-
droit; le chien se coucha à leurs pieds, et les deux
tourterelles se posèrent sur un rosier chargé de fleurs
en ce moment, et se mirent à roucouler et à se
faire des caresses.

Le soleil descendait alors vers l'horizon occidental
en dardant les rayons embrasés d'une après-midi
d'été, l'atmosphère était brûlante dans les lieux dé-
couverts; attiédie à l'ombre et imprégnée des aro-
mes qui s'exhalaient de mille fleurs, elle contenait
et communiquait aux corps je ne sais quelle voluptueuse mollesse. Nos premiers parents nonchalam-
ment étendus sur le gazon, et accoudés sur un de
leurs bras qui soutenait leur tête, promenaient vaguement leur regard sur les objets qui les environ-
naient.

Les blonds cheveux d'Eve partagés sur son front,
encadraient son beau visage, et lui donnaient l'as-

pect d'une opale rose et blanche dans un médaillon d'or ; ils tombaient en longs anneaux naturels, et inondaient de leur luxuriante profusion, ses épaules et son sein ; toute sa pose était pleine de grâce, de charmes, et du plus doux abandon ; et, pourtant, Adam restait sans émotion devant sa délicieuse compagne.

Mais j'ai dit que leurs yeux contemplaient vaguement les divers tableaux qu'ils avaient devant eux, les deux tourterelles en occupaient le premier plan ; peu à peu leurs regards s'arrêtèrent plus particulièrement sur les deux volatiles, puis ils se regardèrent mutuellement et demeurèrent pensifs. Adam arrachait machinalement des brins d'herbe autour de lui, Eve effeuillait distraitement une fleur, qu'elle tenait à la main, et les deux oiseaux qu'ils avaient en perspective, se prenant réciproquement le bec, semblaient s'y complaire. Insensiblement Adam s'était rapproché d'Eve, son regard s'était animé, celui de sa compagne avait pris une indéfinissable expression de tendre langueur ; on voyait qu'il se passait chez eux quelque chose dont leur naïve innocence cherchait à se rendre compte ; ils s'interrogeaient curieusement du regard ; tantôt ils paraissaient graves et rêveurs, tantôt ils souriaient ; enfin les yeux d'Adam brillèrent d'un plus vif éclat, il semblait avoir deviné l'énigme ; à ce moment, un épais, un impénétrable brouillard s'éleva devant ma vue, et voilà la scène primitive dont j'avais suivi toutes les péripéties. Comme je sortais de la somnolence qui avait enfanté ce rêve, cette hallucination, comme on voudra l'appeler, il me sembla qu'une voix intérieure me disait : « Ainsi l'amour est entré dans le monde ! »

L'amour a pour but naturel, nous l'avons dit déjà, la reproduction, et, pour atteindre ce but, l'homme a reçu non seulement la faculté, mais la mission d'engendrer. Nous avons aussi remarqué que le sentiment de cette mission est tellement en nous, qu'une sorte d'instinct nous le fait vaguement percevoir dès que notre intelligence commence à se défaire des langes qui l'ont enveloppée, et à comprendre quelque chose à l'existence. A mesure que l'on avance en âge, les idées quittent insensiblement la forme indécise qu'elles avaient d'abord, la nature fait entendre sa voix et nous comprenons la vocation de l'amour.

La notion intérieure de la génération est donc un besoin raisonnable et effectif de notre nature ; je l'ai assimilé plus haut à ceux de l'alimentation qui nous fait vivre, non pas que j'aie voulu dire qu'il nous soit aussi indispensablement nécessaire, à peine de languir, et, en définitive, de mourir; ce n'est pas du tout ma pensée, car je considère au contraire cette manière de voir comme une erreur. Mais je ne traiterai pas ici cette question incidente qui, bien que pouvant avoir des rapports avec mon sujet, ne s'y rattache pas intimement, et demande-rait à elle seule de longs développements; elle a déjà donné lieu à l'émission de bien des opinions diver-ses, j'ai même eu occasion de la traiter longuement au congrès scientifique de France, dans sa session à Pau, où elle avait été portée au programme de la section de médecine, et où elle fut l'objet d'une très intéressante discussion provoquée par l'exposé que je venais de faire; je dis donc que, si j'ai fait l'assimilation que je viens de rappeler, ce n'a été que pour faire comprendre par elle la puissance de l'instinct de la génération.

Cet instinct générateur, tout matériel en lui-même, a pourtant, peut-être, sa source dans une pensée d'un ordre plus élevé dont nous ne nous ren-dons pas, dont nous ne cherchons pas même à nous rendre compte; ne procéderait-il point d'une ten-dance de notre âme vers l'immortalité? L'homme avait été créé avec ce magnifique privilège, il devait être immortel, non seulement dans son âme à la-quelle il a été conservé, mais aussi dans son corps;

il l'a perdu par sa désobéissance. Or, nous sentons tous que nous devons mourir, que nous devons subir cette terrible peine de la transgression de nos premiers parents, mais ne pouvant perpétuer notre existence, nous voulons nous survivre dans notre postérité; telle serait la pensée qui spiritualiserait en quelque sorte le désir physique de la génération, quand il ne dépasse pas le but pour lequel il a été mis en nous par le Créateur.

Cette notion de la génération, contenue, comme je l'ai déjà dit, dans les limites tracées par la raison, la sagesse, la morale, ne produit que des désirs réguliers, modérés, honnêtes, mais, ainsi que je l'ai fait remarquer, quand rien n'en tempère, n'en réglemente les effets, elle agit sur les sens avec une telle intensité, qu'elle leur imprime une inextinguible soif de plaisir, sur la raison qu'elle oblitère, sur la volonté même qu'elle subjugue.

A quels dévergondages, à quelles monstruosités ou quels déportements ne conduit pas la fougue des passions sensuelles? L'antiquité nous l'a montré en divinisant ces passions et leurs excès les plus obscènes, et en les faisant partager à ses dieux dans les fables de la mythologie: Comment alors ces mêmes dévergondages ne se seraient-ils pas re-

2.

produits dans les mœurs, dans les usages, dans les actes de la vie des nations?

Nous en trouvons, entre autres exemples, l'empreinte imprimée en Orient, comme un sceau d'impudicité, dans l'offrande que chaque Assyrienne, quelle que fût sa condition, devait faire une fois en sa vie à la déesse Derceto ou Melyta, dans les hommages que rendait la Grèce aux courtisanes les plus éhontées, et dans la dépravation des mœurs de ces diverses nations; enfin, Juvenal, dans sa sixième satire, ne nous a-t-il pas laissé l'épouvantable et dégoûtant tableau de l'immoralité de la société romaine à son époque.

Mais, qu'avons-nous besoin d'aller chercher dans le passé des nations qui ont disparu de la scène du monde, pour y trouver où conduit l'amour physique détourné de son but naturel pour se jeter dans la voie des jouissances illicites, et des désordres du vice; l'histoire des nations modernes peut offrir assez d'exemples pris à diverses époques, de déplorables dérèglements, et les fastes judiciaires nous présentent, à ce sujet, toutes sortes d'énormités.

Je n'entrerai pas ici dans des citations et des détails historiques, ils me paraissent inutiles, je dirai même qu'ils pourraient offrir un danger semblable à celui qui ressort des romans modernes, dont les affaires de cours d'assises font les frais. On sait que ces élucubrations malsaines ont eu souvent pour résultat de pousser au crime des natures qui y avaient une disposition latente, laquelle, sans ces lectures pernicieuses, ne se fût jamais révélée.

Si le roman *Cour d'assises* a pour danger de surexciter les instincts criminels, de suggérer l'idée du crime et même les plus sûrs moyens d'arriver à sa perpétration; le roman *amour-interlope* est une incitation aux voluptés illicites, une école d'impudeur et d'immoralité.

Tous les humains ont en eux, nous l'avons dit, l'appétit sensuel, et un désir plus ou moins prononcé d'y donner satisfaction, mais tous n'ont pas ce désir porté au point de les pousser à sortir des limites de la retenue et de l'honnêteté; bien loin de là, le plus grand nombre seraient toujours retenus dans le droit chemin, quelque violents que puissent être leurs désirs; si rien ne venait les faire se jeter hors de la voie de l'honnêteté; les femmes surtout, qui ont moins d'occasions et de facilités que les hommes pour s'égarer, ne se lancent presque jamais d'elles-mêmes dans les égarements et les désordres des voluptés, toujours le sentiment de la pudeur et de la chasteté, si profondément gravé dans leur cœur, les fait combattre longtemps avant de céder à l'entraînement de la passion, et souvent les en fait triompher. Quant à l'homme. que la liberté dont il jouit et son genre d'existence souvent dissipée sont peu faits pour retenir, il use et abuse largement de ces avantages.

Je ne parlerai point de ces bouges où l'homme va se vautrer dans la fange nauséabonde du vice, et qui sont le dernier degré d'abjection de la femme et de dépravation de l'homme.

Je ne dirai que peu de chose de ces phalènes nocturnes, même diurnes, un peu moins dégradées peut-être que les précédentes, et qui, comme elles, n'ont plus ni cœur, ni même presque de sensations: machines vivantes, qu'un parent à moi caractérisait d'une manière aussi pittoresque que vraie, par la comparaison à un vase que je ne veux pas nommer.

Celles-là ne sont pas parquées comme les malheureuses que j'ai indiquées d'abord, on les rencontre un peu partout, surtout sur le pavé des grandes villes; il y en a de tous les états, de toutes les conditions sociales, et je pourrais citer plusieurs exemples qui m'ont été rapportés par des hommes que j'ai eu occasion de voir, je n'en donnerai qu'un seul qui est à ma connaissance personnelle.

Dans un temps où j'habitais la campagne, bien que n'ayant jamais étudié la médecine, je soignais gratuitement, bien entendu, beaucoup de malades, leur donnant des conseils et même des prescriptions dans les cas qui ne me paraissaient pas graves, et exigeant, quand le mal était sérieux, qu'ils appelassent un médecin ; tous ces messieurs m'ont souvent témoigné leur satisfaction de m'avoir pour auxiliaire, près des gens auxquels l'influence que j'avais sur eux par la confiance qu'ils m'accordaient, faisait accepter leurs ordonnances et les faisait régulièrement exécuter.

Beaucoup d'habitants de la campagne et même de la ville voisine, dans un rayon de deux à trois lieues, venaient me consulter : je dois dire que j'avais la main heureuse et que j'en guérissais beaucoup.

Un jour, un garçon d'environ trente ans se présenta chez moi, et me mit sous les yeux deux plaies de la dimension d'un écu de cinq francs qu'il avait à chaque jambe. Naturellement je le questionnai sur tout ce qui avait rapport à son mal. Il entra dans les plus minutieux détails que je ne lui demandais même pas, il me raconta où et comment il avait gagné ce mal et me dit même le nom de l personne qui le lui avait donné. Eh bien, cette personne appartenait à une très bonne et très honorable famille de l'aristocratie du pays ; elle avait épousé un médecin militaire qui était de la même condition qu'elle. Elle était jolie, assez coquette ; elle commença par commettre beaucoup de légèretés, sans gravité d'abord, mais qui insensiblement devinrent des fautes. Le mari finit, comme cela arrive à peu près toujours, par avoir connaissance des infidélités de sa jeune femme, une séparation fut la conséquence de cette révélation. Mon malade n'avait pas besoin de me raconter tout cela, je le savais ; mais ce que j'ignorais, c'est que la femme de qualité, la femme bien élevée, la femme qui avait été habituée à toutes les délicatesses du monde, était tombée de degré en degré jusqu'à l'abjection de la prostituée, même du plus bas étage.

Le pauvre garçon avait eu la mauvaise chance de rencontrer l'ange déchu, l'ange devenu syrène abjecte, cheminant à pied comme lui sur la grande route, de La Rochelle à Marans ; la connaissance avait été bientôt faite entre eux, et ils s'étaient arrêtés ensemble dans un cabaret de cette petite ville, où ils avaient séjourné une nuit. Cette malheureuse qui avait perdu tout sentiment de pudeur et de dignité, n'avait pas eu honte de se nommer dans cette circonstance. J'étais très enfant et encore

en pension, quand cette femme avait occupé la
chronique scandaleuse à ses débuts dans la voie du
vice, j'étais devenu homme à l'époque où elle était
tombée dans la dégradation dont je viens de faire
le récit. Elle doit être morte aujourd'hui depuis
longtemps sur quelque fumier, ou plutôt, j'aime à
le souhaiter pour son âme, sur le lit d'un hôpital,
entourée des soins corporels et spirituels que donnent avec un si admirable dévouement, les sœurs
hospitalières.

Et pourtant, toutes ces horreurs que je viens de
passer en revue et dont ma plume répugnait à
donner le détail, c'est encore de l'amour, hélas!
oui, de l'amour tout défiguré qu'il est, comme le
sont aussi, ces dégoûtantes, grossières et stupides
émanations d'esprits et de cœurs corrompus que,
dans bien des hôtels, j'ai lues fixées par un crayon
sur le plâtre des tuyaux de cheminées; on les voit
là semblables à ces vapeurs de l'arsenic que la médecine légale extrait par une opération chimique
dans certains procès, des intestins déjà en putréfac-
tion d'une personne empoisonnée, et qui s'attachent
au fond d'une assiette. Entre autres lieux où j'ai
lu de ces immondes compositions érotiques, je me
rappelle qu'il s'en trouvait une collection dans un
hôtel où j'eus occasion de loger en Suisse, à Sion,

je les biffai avec mon crayon et j'écrivis au-dessous
les vers suivants que je fis avant de me coucher :

> Si vous avez de saletés
> La mémoire remplie,
> Conservez ces obscénités
> Dans votre âme salie,
> Mais n'en offensez pas les yeux
> De celui qui, dans le voyage,
> Vient, de tout sexe et de tout âge,
> Chercher le repos en ces lieux.

Ne se pourrait-il pas qu'une loi d'ordre public et
de morale, obligeât, sous peine d'amende, les maî-
tres d'hôtels à visiter leurs appartements et à faire
disparaître ces ordures qui offensent les mœurs et
blessent les regards des hôtes honorables qui logent
chez eux? Ne se pourrait-il pas que, cette loi une
fois rendue et mise en vigueur, la police eût ordre
de faire des visites dans les hôtels et logements gar-
nis et de verbaliser contre les contraventions qu'elle
constaterait aux prescriptions légales? Ne se pourrait-il pas encore que les êtres grossiers qui salissent
ainsi les murs des logements qu'ils occupent, soient
condamnés à des dommages envers ceux dont ils
détériorent ainsi les habitations, et qu'on leur ap-
pliquât, en outre, la pénalité prononcée par la loi,
pour outrages à la morale publique?

En effet, n'est-ce pas outrager la morale publique
que d'écrire des immondices impudiques dans des
lieux où se succèdent chaque jour des voyageurs
de tous pays, de tous âges, de tout sexe, de toute
condition sociale ?

Toutes ces élucubrations aussi sottes que malsaines jetées çà et là, ainsi que tous les livres de
même nature de Piron ou autres plus ou moins spirituels, qui sont imprimés, c'est toujours de l'amour,
de l'amour repoussant, ignoble, tout ce qu'on voudra, mais c'est lui qui se manifeste ainsi, et jusque
dans le bourbier où il se vautre, on ne peut s'empêcher de lui donner son nom ; car, là même, il est
l'instinct matériel qui attire les deux sexes l'un
vers l'autre ; ce n'en est donc pas moins lui, lui détourné de sa voie ; il n'a plus son but originel, la
génération, c'est vrai, et pourtant, quelque honteux,
quelque dégoûtant qu'il soit, ce n'en est pas moins
lui ; seulement, il est étrangement défiguré par l'abjection du vice ; laissons-le donc en détournant les
yeux de ce hideux spectacle et suivons-le en mon-
tant les divers degrés hiérarchiques, si je puis m'exprimer ainsi, de la dépravation des mœurs.

Mais avant d'aller plus loin, je suis bien aise de
constater ici, que l'ouvrier dont j'ai parlé tout à
l'heure et qui vint me consulter pour le mal dont

il était atteint, fut complètement guéri par le traitement que je lui fis suivre et le remède que je lui fis prendre. Ce remède consistait en un élixir que je composai, et que j'obtins par l'infusion de diverses substances dans de l'alcool; le résultat dépassa mon espérance et son efficacité m'a été encore plus démontrée lorsque, plus de dix ans après ces événements, ayant rencontré à Paris une personne qui habitait le pays de mon ex-malade, je lui en demandai des nouvelles; la réponse fut qu'il n'avait jamais eu le moindre retour de son mal, et qu'il bénissait tous les jours le souvenir de celui qui l'avait guéri.

Quant à la composition de l'élixir, je ne l'ai jamais communiquée à personne parce que j'ai pensé que, si je la donnais, il se pourrait trouver quelqu'un qui, plus tard, prétendrait l'avoir inventée et ainsi tirerait honneur et profit de mon idée; or, j'ai toujours eu horreur de servir de marchepied à qui que ce soit; donc mon secret me suivra dans la tombe quand l'heure d'y descendre sera arrivée pour moi.

Toujours sous l'empire de la même pensée, je garde aussi le secret de deux autres élixirs dont j'ai obtenu en plusieurs cas les meilleurs et les plus.

complets résultats, l'un contre les maladies herpétiques, l'autre contre les scrofules.

C'est encore en suivant le même ordre d'idées, qu'ayant entendu plusieurs hauts fonctionnaires de l'administration des domaines se plaindre de la perte énorme qu'éprouve chaque année le gouvernement sur la perception des droits de mutation pour les ventes d'immeubles, par suite de la dissimulation d'une partie du prix de vente, j'ai trouvé, après y avoir réfléchi beaucoup et longtemps, un moyen par lequel cette dissimulation deviendrait impossible, aussi impossible qu'il le serait de faire produire des cerises à un rameau de chêne ; le résultat de cette opération serait de faire entrer, chaque année, de quatre-vingts à cent millions dans les coffres de l'Etat sans qu'il soit besoin de recourir, comme on le fait maintenant, à un odieux et vexatoire arbitraire, lequel a l'inconvénient d'irriter celui qui en est l'objet, et, en outre, de ne pas atteindre complètement le but qu'on se propose. Mais, encore là, je me suis dit : si je laisse échapper seulement un indice de mon idée, laquelle offrirait de si grands avantages, non seulement à l'Etat, mais même aux particuliers qu'elle sauverait quelquefois de la ruine, dans les cas d'affaires embrouillées, on me la prend, et c'est fini ; enfouissons-la donc au fond de nous-même ; ne l'écrivons même nulle part, de peur qu'elle ne soit volée par un autre, comme il est arrivé en bien des circonstances que je pourrais citer.

On me pardonnera, j'espère, la digression à laquelle je viens de me livrer, je me hâte de rentrer dans mon sujet.

Chez toutes les nations, même les plus barbares, même chez les tribus et les peuplades sauvages de l'Amérique et des îles de l'Océanie, il existe une hiérarchie ; eh! bien, le monde interlope a aussi la sienne, la sienne très tranchée, la sienne à laquelle il tient, et cela avec une sorte de morgue, une hauteur très accentuée. Je distinguerai dans cette hiérarchie cinq catégories se partageant en subdivisions séparées par plusieurs nuances qui les caractérisent; je n'en donnerai pas le détail, je ne m'arrêterai qu'aux cinq types principaux, les voici : 1° la prostituée des bouges plus ou moins sales, plus ou moins luxueux, et des cabarets et des ruelles les plus infimes, ou même perchant dans des logements passables, recherchés même; 2° des jeunes filles ou femmes d'ouvriers, ou même des classes intermédiaires de la société, auxquels leurs parents ou leurs maris refusent les moyens de satisfaire à leur goût de toilette, et qui se les procurent ainsi: 3° les lorettes des boulevards et les grisettes du quartier latin; 4° les courtisanes du demi-monde appelées aujourd'hui cocottes. Il est entendu que je comprends ici les Laïs appartenant au théâtre, quel que soit l'éclat de la réputation de leur talent d'artistes; 5° enfin les femmes du monde qui se jettent, aussi elles, sur le torrent de la dépravation. Tous ces divers types ne se trouvent pas seulement à Paris, ils ont leurs similaires dans les grandes villes de province, et même dans un bon nombre de petites.

Je ferai observer que, si je ne parle ici que de la France, ce n'est pas que je croie les autres pays à l'abri de ces mêmes plaies sociales, telle n'est pas du tout mon opinion; je pense qu'elles existent plus ou moins partout, et qu'elles ont été à toutes les époques antérieures, aussi bien qu'à la nôtre; si elles n'ont pas eu toujours le même développement, elles ne se sont pas moins produites et toujours avec les mêmes caractères, variant toutefois de physionomie selon les temps, selon les lieux; la tendance naturelle de l'esprit humain à abuser de tout ce qui entre dans notre existence matérielle ou morale, par conséquent de l'amour et de ses fins, comme de quoi que ce soit, a invariablement, à tous les âges du monde, donné les mêmes résultats.

En ce qui concerne la déviation des fins matérielles de l'amour, leur appropriation uniquement à la
satisfaction des sens dans les autres pays, je citerai
entre autres Vienne en Autriche. Là, des jeunes
filles appartenant aux classes moyennes et à l'aristocratie, pour répondre les unes à quelques fantaisies coûteuses, les autres au besoin de toilette pour
aller dans le monde et même à la cour, trouvent le
moyen de se livrer, elles choisissent particulièrement des étrangers, qu'elles sont certaines de ne
jamais revoir. Je pourrais parler aussi de la démoralisation éhontée de Turin, je me contente de la
mentionner; il paraît qu'à Berlin l'immoralité n'est
pas moindre.

En ce qui touche à l'allégation que des faits de
cette nature se sont produits aux époques les plus
reculées, je citerai celle des Patriarches à laquelle
il existait déjà des prostituées, puisque Juda, fils de
Jacob, prit Thamar pour être dans ce cas, d'où il
résulta qu'il s'arrêta avec elle, et la rendit mère de
Pharès et Zara. Plus tard, nous voyons dans les
conseils donnés aux Israélites, qu'il leur est recom-
mandé de se défier et de s'éloigner de ces provocantes syrènes, qui viennent à leur rencontre, par-
fumées et leur disant : « Venez avec moi, mon mari
est absent, nous dormirons ensemble. »

Si je reprends maintenant à suivre l'amour coupable dans les types de ses cinq expressions principales que j'ai désignées tout à l'heure, en commençant par les prostituées parquées, soit dans des habitacles plus ou moins immondes, soit battant le pavé pour provoquer par d'impudiques regards, ou par de stupides interpellations jetées à demi-voix, le passant qu'elles touchent du frôlement de leur robe, je dirai que je crois en avoir assez parlé pour ce qu'elles valent : Tant vaut l'écu, tant vaut la belle.

Dans la seconde catégorie se range un nombre, fort considérable à Paris, de jeunes filles ou de femmes appartenant à la classe ouvrière que l'on rencontre le jour ou sur les bancs des Tuileries et autres promenades publiques, ou suivant les trottoirs en s'arrêtant soit à chaque devanture de magasin sous prétexte d'en regarder l'étalage, soit dans les passages divers. Parmi elles, se trouvent, flânant aussi pour chercher les aventures, une certaine quantité, plus importante qu'on ne le supposerait, de femmes dont les maris sont dans d'assez bonnes positions, de l'industrie, de diverses administrations, même comme petits rentiers ou petits propriétaires ; elles lient volontiers conversation avec ceux qui leur adressent quelques mots ; cette conversation s'anime, on finit par cheminer côte à côte en la continuant. Avec les premières on se dirige soit vers un hôtel où l'on restera jusqu'au lendemain matin, quand il n'y a pas d'obstacles à ce prolongement de fugitive intimité; avec les secondes, la situation plus éphémère encore, se passe dans certaines maisons qui ont la spécialité de recevoir dans de semblables circonstances : les personnes qui se trouvent dans ces deux variétés du genre, sont assurément autant à plaindre qu'à blâmer. En effet, elles subissent l'empire de cette fièvre de luxe, maladie de notre époque, qui crée des besoins dispendieux et qui deviennent si impérieux, qu'on sacrifie tout à leurs exigences, honneur, dignité de soi-même, pudeur, sentiment, tout, tout, sans exception.

La troisième catégorie se subdivise en lorettes habitant le voisinage des boulevards, et en grisettes du quartier latin qui s'intitulent elles-mêmes aujourd'hui, étudiantes.

La famille des lorettes, pimpante et parfumée, habite généralement la Chaussée-d'Antin, le faubourg Montmartre, le voisinage de la Madeleine, et quelques-unes des rues de l'autre côté du boulevard jusqu'à la rue Richelieu. Elles foulent d'un pied léger et animent par le bruit du frou-frou de leurs robes de soie, l'asphalte des boulevards; elles

se posent sur les chaises apportées par des indus-
triels qui en perçoivent le loyer ; elles peuplent enfin les bals publics de ce quartier. On les voit se
livrer dans ces établissements, ainsi que leur cava-
liers, à des excentricités chorégraphiques les plus
ébouriffantes, le cynisme des poses et des mouvements ne s'arrête que juste à la limite où, deve-
nant précisément obscène, la pudeur du sergent de
ville préposé à la surveillance s'en pourrait offus-
quer et mettreait le holà.

. Ce sont des existences entièrement consacrées
aux plaisirs de toute nature, insoucieuses du lende-
demain, elles vivent au jour le jour.

Elles occupent des appartements assez recherchés
où elles reçoivent ceux dont elles peuvent faire la
connaissance, soit dans les bals que j'ai mention-
nés tout à l'heure, soit dans leurs pérégrinations,
soit dans les divers stationnements dont j'ai parlé au
précédent paragraphe. Leurs amours, bien qu'ayant
un peu plus de durée que ceux du type précédent,
ne dépassent guère une quinzaine de jours, un
mois au plus ; ils ont la durée des ressources financières de l'amoureux qu'elles ont charmé, ou de son
séjour à Paris quand c'est un étranger. Quelquefois c'est simplement la lassitude qui suit prompt-
tement de pareilles amours n'offrant qu'un charme

sensuel dont on est vite fatigué, et que l'on sent, d'ailleurs, le désir de varier, qui y met fin.

Dès que ces femmes ont perdu un amant, ce qui ne leur cause d'autre regret que celui de n'avoir plus, pendant quelques jours, les ressources financières qu'elles en retireraient, elles se mettent en campagne pour le remplacer. Ainsi se passe leur vie dans un perpétuel mouvement, dans d'incessantes mutations d'amour.

La deuxième espèce de ce genre, les étudiantes, a infiniment d'analogie avec celle qui précède, seulement le théâtre de leurs ébats n'est pas le même ; elles ne dépassent point la rive gauche de la Seine, c'est leur limite au nord ; à l'ouest elles s'arrêtent à la rue du Bac ; au sud et à l'est, leur territoire n'a pas de limites bien déterminées.

Il y en a qui s'attachent à un étudiant, sous réserve, *in petto*, bien entendu, de lui faire toutes les infidélités dont l'occasion se présentera. On vit en commun largement, on passe le temps en spectacles, en fêtes, en promenades à Asnières, à Montmorency, ou autres lieux, quand arrivent les galions bien heureux envoyés par la famille de l'étudiant, mais les vacances surviennent, toute la jeunesse des écoles s'envole vers le foyer paternel en province, es étudiantes se trouvent veuves pour deux mois, veuves de leur étudiant, veuves des ressources qu'il procurait pour vivre; alors, en attendant le retour il faut courir les aventures, et c'est principalement dans les bals de ce quartier, la Grande-Chaumière et autres, et dans certains cafés que l'on va les chercher.

Mais voici venir, brillantes et dans d'élégants équipages, les beautés du demi-monde, les Laïs, les Phrynés de notre époque, les cocottes d'aujourd'hui; elles composent la quatrième de mes catégories, elles habitent de somptueux hôtels; elles ont une maison montée sur un très grand pied, de la cuisine à l'antichambre il ne manque rien, ni au personnel, ni au matériel; domestique très complet, ameublement recherché, remises et écuries parfaitement fournies, mais par-dessus tout, des toilettes à faire envie à une duchesse. S'il arrive à Paris quelque étoffe, quelque schal précieux, quelque diamant d'une eau admirable, quelque rubis aux feux incomparables, c'est immédiatement pour une cocotte que c'est acheté.

Pour cette classe de prostituées, rien n'est épargné, rien n'est refusé; on leur prodigue follement et sans s'inquiéter du prix ce que certainement on ne donnerait à sa femme, à celle dont la chaste fécondité doit perpétuer la famille, qu'après bien des calculs, et que même souvent on ne lui accorderait pas par des raisons d'économie. Mais pour toutes ces dispendieuses futilités, toutes ces coûteuses fantaisies, les cocottes obtiennent satisfaction, elles les désirent, elles les ont : que dis-je? elles les désirent! Bien des fois elles n'ont pas même besoin de souhaiter, on va au-devant de leurs caprices, aussi bien des moindres que de ceux causant des dépenses ruineuses pour les amants qui ont à les satisfaire.

Autrefois il n'y avait que l'aristocratie et la haute finance qui fussent assez bêtes pour fournir aux dépenses de ces femmes; aujourd'hui le moindre fils de famille qui possède un petit patrimoine le vend ou l'hypothèque, ce qui est en fin de compte la même chose, pour en jeter le produit dans ces gouffres, dont l'attraction les fait s'y précipiter, de même qu'un navire entré malheureusement dans la zone aspirante d'un abîme des mers, y est entraîné et s'y engloutit.

Et, il ne faudrait pas croire que ce soit seulement la jeunesse qui tombe dans ces folies; non, on voit des têtes déjà grisonnantes, des vieillards même s'y traîner honteusement.

Que de ruines sont accumulées autour de ces dangereuses enchanteresses! que de misères dont elles sont les auteurs! et tous ces désastres qu'elles ont causé, elles les contemplent froidement, bien plus, elles en rient : ce sont des cœurs de marbre. Elles ont pu, à l'origine de leur carrière dans l'arène de la galanterie, avoir quelques sentiments, quelques affections, mais tout cela s'est évaporé comme le contenu d'un flacon d'éther répandu sur une table. Le contact avec des hommes blasés, dépravés, sceptiques, avec des femmes dissolues, a tout détruit en elles. Elles ont peut-être souffert, elles se vengent en faisant souffrir les autres. Elles se sont crues des victimes de la société, elles exercent des représailles contre la société en jetant la pertubation, la ruine dans les familles.

Elles sentent bien que l'amour qu'elles inspirent, quelque extravagant, quelque passionné qu'il soit, n'est point accompagné de ces égards que les hommes bien élevés ont pour les autres femmes, même dans leurs erreurs.

Elles voient bien que le plus grand nombre des hommes les traitent assez cavalièrement et que même chez ceux qui ont ces manières distinguées des anciens jours, qu'on ne retrouve presque plus, il y a toujours une certaine nuance de dédain qui perce presque imperceptible, mais qui ne leur échappe pas.

Elles comprennent que tout le brillant qui les entoure, tout leur luxe ne peut éblouir assez le public pour lui faire illusion. Le grand monde en passant près d'elles leur jette un dédaigneux regard, un sarcastique sourire; et l'honnête ouvrier qui les contemple dans les riches équipages, ou les élégants paniers qui les emportent rapides, leur envoie quelque brutale épithète, ou leur crie, comme il y a quelques années au retour des courses de Vincennes en traversant le faubourg Saint-Antoine : *Salut aux chiffonnières de l'avenir!*

Elles considèrent donc la société comme une ennemie irréconciliable, et, partant comme une ennemie à exploiter froidement, et c'est ce qu'elles font largement.

Alors elles s'étourdissent sur tout; elles prennent leur existence comme elle est, et cherchent à en tirer le meilleur parti pour se procurer toutes les jouissances du luxe, je dirai même du monde ; car elles se créent un monde à elles, un monde de femmes galantes et d'hommes qui trouvent amusant et commode le sans-gêne de leur société. Elles donnent des fêtes, des dîners, des bals; elles singent le vrai monde en tout ce qu'elles peuvent. Et puis un jour vient où toute cette richesse factice, tout ce luxe, toutes ces jouissances leur échappent, elles tombent tout d'un coup du faîte de l'échelle à son dernier degré.

Passons sur ce débris gisant sur les décombres amoncelés à l'entour, décombres, amas informe de pudeur, de beauté, de fortunes, d'honneur, de sentiments, tout cela est là, accumulé par la main de l'amour sensuel, constituant une sorte d'industrie, mais une insdustrie honteuse, qui fait rarement une fortune durable aux personnes qui l'exploitent, et dont je viens de faire passer les divers types sous le tracé de ma plume.

J'arrive enfin à la cinquième des catégories que j'ai établies dans ma division de là hiérarchie des amours illicites. Oh! celle-là est plus distiguée, elle appartient au monde favorisé par la fortune; toutes les classes qui le composent lui fournissent ses éléments. J'ai dit que cette catégorie est plus distinguée, oui, par la position des personnes qui y sont comprises, mais par le fait, pas du tout; pour moi, je n'établis, dans mon appréciation, aucune différence; la honte est la même, la répulsion, le mépris qu'elles inspirent n'est pas moins profond; toutes ces flammes ressemblent à celles que l'on voit quelquefois sortir d'un marais d'eau croupissante et fangeuse;

Ici l'amour n'est plus une spéculation, un moyen
de lucre : il s'agit de personnes plus ou moins riches
ou dans l'aisance qui se lancent dans les voies les
plus dépravées, et, dans ce cas, il se présente sous
d'autres aspects. Ainsi, c'est quelquefois le besoin
qu'éprouve une femme coupable de chercher à se
mettre à couvert dans ses déréglements, qui la
conduit à s'en faire un instrument, ou un mari qui
le laisse s'introduire à son foyer dans un but analogue. En vérité, c'est à peine si l'on peut croire à
une si hideuse dépravation : cependant, elle existe.
Il est des femmes qui n'ont pas honte de procurer
elles-mêmes une maîtresse à leur mari, dans la
pensée que cette situation autorise leur inconduite.
Elles prennent donc une gentille camérière, et la
provoquent, l'excitent à se livrer aux désirs de leur
époux. Ceux-ci ne sont pas en reste, et, s'ils ne vont
pas jusqu'à jeter leur femme dans les bras d'un
amant, ce qui serait le comble de l'ignominie pour
un homme, ils laissent aller, laissent passer comme
s'ils étaient inaperçus, les désordres de leurs moi-
tiés infidèles et libertines. Alors il se fait tacitement
dans un ménage une sorte de pacte synallagma-
tique, par lequel les deux parties se laissent réciproquement la plus entière liberté : quel naufrage
des sentiments d'honneur, des sentiments les plus

chers, les plus délicats, sombrant submergés par le courant du vice!

D'autres fois, deux causes encore conduisent les femmes aux extrêmes limites de la vie dissolue, qui devient alors un goût dispendieux.

Les unes sont de vieilles pécheresses que les coups répétés des ailes du temps ont délabrées, celles-ci pas mal, celles-là davantage; leurs appas fanés, leurs charmes disparus, ne peuvent plus inspirer rien à personne; mais elles, elles brûlent toujours, leurs désirs sont vivaces, et d'autant plus violents qu'elles leur ont plus donné satisfaction pendant longues années, il faut donc qu'elles arrivent à se procurer à tout prix les jouissances dont elles ont tant abusé, à alimenter la soif libidineuse qui les dévore.

Les autres, jeunes encore, sont arrivées, de faux pas en faux pas, dans les routes de l'amour sensuel, à une telle surexcitation de ses instincts, qu'ils sont devenus pour elles d'impérieux tyrans, les tenant sous un empire absolu et irrésistible.

A ces deux genres des victimes de l'affolement des passions et de l'exaltation des sens arrivés au paroxysme d'une sorte de frénésie que je viens d'indiquer, un seul amour ne suffit plus, il le leur faut multiplé; elles l'achètent quand elles ne le trouvent pàs autrement. Oh! c'est la rougeur au front pour mon sexe que je viens de laisser échapper cette vérité; oui, comme les hommes achètent des femmes, il est aussi des femmes qui achètent des hommes; c'est assurément le comble de l'ignominie pour celui qui est dans ce cas, mais très malheureusement cela se voit, et plus communément qu'on ne le pense.

J'ai dit tout à l'heure que, dans la catégorie dont je crayonnais les traits, l'amour n'était plus une spéculation pécuniaire, une sorte de marchandise qui se paye comme une paire de souliers chez le cordonnier, ou un morceau de viande chez le boucher; et, pourtant, il arrive fort souvent qu'on y spécule encore sur le parti, sur les avantages que l'on en peut tirer. En effet, tantôt c'est une femme qui se livre, non plus pour de l'argent, mais pour obtenir une position, une faveur pour elle ou pour quelqu'un à qui elle s'intéresse, et qu'elle achète en la payant de cet ignoble prix: tantôt c'est pour satisfaire une vengeance que se donne cette monnaie honteuse. Dans le siècle dernier, il s'en est produit un exemple bien connu. Une femme célèbre par son esprit, ses charmes, ses grâces et le rôle politique qu'elle a joué, Mme Roland, pour servir ses haines, leur sacrifia son honneur et sa réputation. Je sais bien qu'un écrivain d'un grand nom a voulu la justifier, et a prétendu qu'elle restait pure au milieu des assiduités, des amours qu'elle encourageait ; que pour elle tout était platonique, qu'elle faisait tout espérer et n'accordait rien. O illusion d'un esprit nuageux, s'il croyait ce qu'il dit ; mais, plutôt excès d'orgueil d'un homme arrivé à une si haute estime de soi-même, qu'il croyait exercer sur les esprits un tel ascendant, qu'il leur pouvait faire adopter tout ce qui sortait de sa plume, absolument comme un autre écrivain, non moins célèbre, a tenté de réhabiliter le crapaud !

Je veux bien admettre que, peut-être à l'origine, Mme Roland ait eu la pensée de faire servir l'amour à ses fins sans se laisser entraîner par lui, de surexciter les désirs des hommes qu'elle voulait faire agir, en restant, elle, impassible et froide comme une banquise, en face du feu qu'elle allumait, qu'elle attisait ; mais, en lui supposant cette intention, elle n'eût jamais pu rester longtemps dans ces limites, pressée par des amants entreprenants, agréables, qui devaient réclamer le prix de leur dévouement, et qu'elle ne pouvait rebuter, ayant un intérêt puissant à les retenir attachés à son char. On peut ajouter que toutes ses biographies mentionnent qu'elle avait fait des études en histoire

naturelle très approfondies, lesquelles devaient nécessairement avoir altéré la pureté de son cœur,
par suite, nécessairement encore, elles avaient jeté
dans ce cœur un germe de surexcitation, dans son
esprit une étincelle d'incandescence, une pointe
de curiosité, et dans ses sens un levain de fermen-
tation; or, dans des situations semblables, le
moindre ébranlement doit donner l'essor à la
prédisposition aux voluptés, et à plus forte raison
leurs désirs se trouvent-ils développés quand il s'a-
git de vives secousses continuellement répétées.
D'ailleurs, la nature n'a-t-elle pas à certains moments des tressaillements lascifs des organes et des
nerfs plus ou moins accentués; les suggestions, les
surexcitations du désir ne parlent-elles pas haut
alors? Comment croire qu'en présence des situations dangereuses où Mme Roland a dû se trouver
cent fois, elle n'ait pas succombé? C'est matérielle-
ment, physiquement impossible! Non, non, on ne
joue pas impunément avec les incitations mentales
et sensuelles d'une passion qui brûle comme une
lave volcanique, qui bouleverse le cerveau qu'elle
transporte, le cœur qu'elle fait bondir, les sens
qu'elle soulève, et qui fait bouillonner le sang dans
les veines, surexcitant ce qu'il y a en nous de germes
voluptueux. Quand tous ces éléments de la passion

sont brûlants comme l'atmosphère par une chaleur
tropicale, tout l'organisme est profondément surexcité, tout notre être physique et moral est do-
miné, on ne s'appartient plus, on est entraîné, emporté fatalement, la résistance est impossible. Voilà
ce qui est dans la nature, voilà ce qui est la réalité ;
hors de là, tout est illusion, chimère. Voilà ce dont
les femmes doivent être pénétrées ; j'ajouterai que
l'adage : *qui amat periculum, in periculo peribit*, ne
trouve point d'application plus à propos dans aucune autre circonstance de la vie, que celle où une
femme a l'imprudence de jouer avec l'amour en
s'imaginant rester pure : il faudrait pour cela
qu'elle fût de la même nature que la glace dont
l'hiver couvre les eaux, et encore on pourrait dire
qu'il arrive nécessairement un moment où cette
glace, quelque forte qu'elle soit, se fond irrésisti-
blement selon l'ordre des choses dans la nature ;
aussi je conclus en affirmant qu'une femme qui
voudrait mettre en jeu cette passion que je viens
de caractériser, et penserait pouvoir rester dans les
limites de cet amour vaporeux et imaginaire dont
j'ai parlé plus haut, serait plus qu'imprudente,
plus que téméraire : elle serait insensée.

Mais je veux dire un mot encore, sur les femmes
qui se jettent dans les désordres que j'ai signalés

avant cette dissertation sur l'amour appelé platonique. Eh!-bien; qu'elles soient jeunes, qu'elles soient même vieilles et délabrées, elles ont vécu, elles ont pris des années, elles ont vieilli dans le vice, et le vice est dévenu une habitude, un besoin pour elles, un besoin brutal et dépravé, une sensation mécanique.

Et pour satisfaire cette passion matérielle, qui devient inassouvissable, elles arrivent aux derniers excès. Il en est qui ont cinq à six logements dans divers quartiers de Paris, et qui y reçoivent autant d'amants différents; oh! si ces dames savaient qu'il existe un registre à la police, où leurs noms sont inscrits avec une observation peu flatteuse, et qui les recommande à la surveillance de ses agents; si elles savaient ce qu'apportent à ce registre les résultats de cette surveillance, qui sont cotés avec soin! peut-être cette révélation ferait-elle quelque effet sur leur esprit. Eh! bien, je leur dis ici, oui, une personne de la police a fait connaître à un mien ami, à moi-même et à quelques autres, ce redoutable registre et un certain nombre de notes de son contenu, je puis donc affirmer son existence; il a sans doute été détruit par les incendies de la commune, mais il en a certainement été fait un autre depuis.

Si la police à Paris, ainsi que je viens de le dire, est parfaitement instruite des agissements des femmes qui se sont tout à fait jetées dans les voies de la dépravation, la chronique scandaleuse ne l'est pas moins bien au sujet de celles dont l'inconduite n'est pas aussi notoire. A Paris, en province, partout la malignité humaine veille et surprend ce que l'on croit être le plus caché, et, de tous les secrets que l'on peut vouloir garder, celui-là est le plus aisément pénétré. Plusieurs causes contribuent à cette divulgation, l'une des principales est la vanité humaine; tous les hommes en ont une dose plus ou moins forte, et, par suite, le complice d'une femme coupable n'a rien de plus pressé que de se vanter à un ami et souvent à plusieurs de la conquête qu'il a faite; ceux-ci le content à d'autres et, de proche en proche, le fait est bientôt devenu le secret de la comédie; d'un autre côté, une femme qui s'est laissée aller à un homme, devient aussitôt dans sa dépendance la plus complète; elle ne peut plus reculer, elle est à lui, il la domine, il l'exploite à son gré, elle ne s'appartient plus, elle est sa propriété, son esclave, il lui dit: marche; il faut qu'elle aille, c'est ce dont les femmes doivent être persuadées.

Hélas! ce n'est pas sans une profonde douleur

qu'on est contraint d'avouer, en présence de la démoralisation qui profane la sainteté du lien conjugal, qu'elle donne une sanction à la définition énergiquement cynique faite du mariage par Proudhon. Avant lui Beaumarchais avait formulé la même idée, d'une manière aussi caractéristique, mais plus anodine, plus spirituelle et plus vraie, dans un des couplets qui terminent le mariage de Figaro, et qu'il met dans la bouche du comte Almaviva; j'ai dit plus vraie, parce que le dramaturge localise, cantonne la situation qu'il indique et l'application de la morale que préconise le viveur qu'il met en scène. Heureusement, en effet, cette démoralisation n'est pas générale, elle est l'exception en province où la sainteté du foyer domestique est encore respectée par le plus grand nombre.

En résumé, peut-être me dira-t-on à quoi bon cette exhibition de ces amours désordonnés ou dépravés? A quoi bon ces révélations des turpitudes érotiques?

A ces questions, je répondrai que, voulant traiter de l'amour, j'ai dû nécessairement le présenter sous tous ses aspects, afin de dire précisément ce qu'il est, ce qu'il peut être, ce qu'il doit être.

Ainsi, je l'ai montré d'abord à son origine naturelle, je dirai même divine, puisque Dieu a fait de son but celui de la génération, de la perpétuité de l'humanité, puis j'ai été nécessairement amené à dire comment son principe, l'attraction sensuelle des deux sexes l'un vers l'autre, a été détourné de son but naturel, originel, divin, et comment alors, rendu illicite, marchant de déviations en déviations, de transformations en transformations, descendant de degré en degré, il est devenu désordonné, dépravé par l'aberration des sens, dans laquelle se sont laissés entraîner des hommes et des femmes; car ces écarts, individuels sans doute, ont été et sont encore commis par des personnes de l'un et de l'autre sexe; je n'ai point entendu en rejeter la responsabilité sur un seul.

Enfin, répondant toujours à la question que j'ai supposée pouvoir m'être faite, je dirai qu'il me semble raisonnable d'espérer, qu'en montrant le vice, la dépravation sous leurs plus hideux aspects, on doit en inspirer l'horreur, et par suite l'éloignement, de même qu'on se détourne avec dégoût d'un monstre dont la forme est repoussante. J'ajouterai, pour dernière raison, que lorsqu'on s'est donné la mission de critiquer les mœurs, on doit le faire résolument et consciencieusement, en s'inspirant de l'esprit de la seconde épigraphe que j'ai mise en tête de ce livre, et que je prie le lecteur de relire s'il l'a oubliée.

Mais si l'amour s'est fourvoyé en dehors des principes qui déterminent son but matériel, il lui arrive bien souvent aussi d'errer, en s'écartant de son principe psychologique, c'est ce qui va ressortir de la seconde partie de cette sorte de traité, je terminerai celle-ci par une comparaison qui me paraît la résumer; la voici :

L'amour est semblable à une rose; si on la jette sur un fumier, ses corolles se décolorent, s'y corrompent, s'y décomposent et se mêlent aux diverses substances putréfiées, avec lesquelles elles se confondent; mais si, au lieu de cela, on les recueille avec soin, on les distille, le parfum de cette réine des fleurs devient une délicieuse essence.

II

L'AMOUR

Physiologique et Psychologique

Sempre sovra natura egli ha possanza.
(TASSE, *Jérusalem délivrée*, chant IV.)

Si j'ai commencé par m'occuper de l'amour matériel avant de l'envisager au point de vue psychologique qui en est la partie la plus éthérée, la partie céleste, si je puis m'exprimer ainsi, c'est que
j'ai voulu procéder avec la même méthode qu'a
employée le Créateur lui-même quand il eut donné
Ève à Adam, et qu'il leur eut dit: croissez et multipliez, avant de leur prescrire de s'aimer. Ainsi
l'affection est l'accessoire, mais l'accessoire immortel, car elle doit survivre à la matière. Il est admis
que l'on aimera dans l'autre monde les personnes
que l'on aura aimées sur la terre; toutefois, ce sera
d'un amour pur, d'un amour plus que chaste, car

il sera entièrement, complètement dégagé de tout ce qui ressemblerait même à nos affections terrestres; cela se conçoit, puisque nos âmes seront au ciel à l'état d'esprits impalpables jusqu'à la fin du monde, et qu'après ce grand et dernier événement des siècles, revêtus de corps glorieux, qui, bien que conservant la physionomie, la chair même qu'ont eue les corps terrestres, n'auront absolument rien de commun avec notre essence matérielle du monde. C'est probablement cette idée, reçue avec quelques variantes à toutes les époques et qui était connue de Mahomet par la tradition arabe et par ce qu'il savait très incomplètement des livres sacrés des Juifs et des croyances chrétiennes, qui lui suggéra la pensée de ses houris, lesquelles sont la matérialisation de notre idée spiritualiste, appropriée à l'esprit sensuel des populations qu'il voulait soumettre à sa loi.

Je ne sais si j'ai bien rendu cette pensée des corps dans l'autre vie, pensée qui est reçue et avancée par des théologiens et des philosophes chrétiens, et qui est généralement acceptée; en tout cas, je crois en avoir donné le sens, cela suffit ici où je ne veux pas traiter la question de notre être immatériel, réservée pour mes dissertations sur l'âme.

Au surplus, je n'ai pas l'intention de m'occuper, quant à présent, des questions de métaphysique transcendante; je craindrais, n'étant pas assez préparé à me lancer dans ces hautes sphères de l'esprit, de voir évaporer dans ces spéculations le peu de raison que Dieu m'a départie, et comme je ne connais point d'Astolphe qui puisse enfourcher un hyppogriphe quelconque, pour l'aller chercher dans la lune ou ailleurs, et me la rapporter condensée et revenue à son état primitif, je courrais de grands risques d'en rester privé; je tiens donc à conserver, telle qu'elle est dans mon cerveau, cette précieuse, subtile et impondérable substance dont la possession rend l'humanité si fière, et dont, pourtant, elle fait souvent si peu d'usage dans ses divers actes, publics ou privés. Peut-être que moi-même, à cause de quelques opinions ou allégations avancées dans ces pages, serai-je taxé, ou de n'en pas avoir du tout, ou de n'avoir pas su m'en servir : quoi qu'il en puisse advenir, je passe outre.

Les paiens qui avaient à peu près tout divinisé, n'avaient point manqué de placer l'amour au rang de leurs dieux. Quelques-uns d'eux, même, frappés du rôle qu'il joue dans la grande épopée humaine et dans la nature; frappés de l'empire qu'il exerce sur nous, le regardaient comme préexistant à toutes

4.

leurs autres divinités, comme étant le principe de toutes choses. C'est ainsi que Platon en parle dans son dialogue, *le Banquet*, mais en même temps ce philosophe dit que, comme il existe deux Vénus, l'une céleste et l'autre terrestre, il existe aussi deux amours, l'un pur et éthéré, l'autre matériel.

L'amour matériel a passé sous nos yeux avec sa beauté native, son principe vrai et naturel, ses fanges et ses aberrations ; considérons maintenant celui que les anciens appelaient céleste.

Dans cette seconde distinction ; les philosophes païens avaient en vue l'amour pur et chaste, l'amour qui est un sentiment et non un instinct tout sensuel, enfin ce que nous nommons l'amour du cœur.

C'est cet amour pur comme le beau ciel bleu que nous voyons sur nos têtes, raréfié comme l'éther dans lequel se baignent les sommets des hautes montagnes qui, flottant ainsi qu'une gracieuse image dans des brumes diaphanes et teintées de rose, a apparu à ma pensée semblable à un sylphe souriant, et m'a inspiré la composition poétique qui suit : je l'ai déjà publiée dans un journal, néanmoins je la reproduis ici.

L'ANGE DES CHASTES AMOURS

L'amour chaste n'est point un crime,
Dieu lui-même en nos cœurs le mit,
C'est une étincelle qu'anime
Un doux souffle qui la grandit
    Le charmant trouble
    Que tout redouble,
Qui, sans éclat, toujours nous suit,
    C'est la présence,
    C'est l'influence
De l'ange des chastes amours.

Quand de secrètes harmonies
Semblent se faire entendre en soi,
Ou la nuit dans les insomnies,
Ou le jour sans savoir pourquoi,
    De ce mystère
    Qui persévère,
La cause est la même toujours
    C'est la présence,
    C'est l'influence
De l'ange des chastes amours.

Quand on est assis sous l'ombrage,
Qu'à l'oreille on entend venir
Des murmures dans le feuillage,
Voix que l on ne peut définir.
    Lorsque le rêve
    Que l'on achève,

En soi laisse un vague toujours
    C'est la présence,
    C'est l'influence
De l'ange des chastes amours.

Quand la jeune fille songeuse
De l'énigme cherche le mot,
Qu'à la réponse nuageuse
Son teint se colore aussitôt :
    Penser pudique,
    Souffle angélique,
Aux doux sentiments donnant cours
    C'est la présence,
    C'est l'influence
De l'ange des chastes amours.

Amour chaste que Dieu protège,
Vivant sans de fougueux transports,
Amour qui n'a pas pour cortège,
Faute, trahison et remords :
    Flamme bénie,
    Sans cesse unie
Au bonheur qui la suit toujours
    C'est la présence,
    C'est l'influence
De l'ange des chastes amours.

Il ne faudrait pas inférer de tout ce qui précède
que, pour être chaste et pur, l'amour doive être
absolument dépouillé de toute pensée sensuelle, ce
serait là cette chimère créée par je ne sais quels
rêveurs qui lui ont donné le nom de Platonique,

encore bien que Platon n'ait jamais avancé rien de
semblable ; eux, suivant cet ordres d'idées, prétendent que, dans certaines âmes d'élite très rares,
l'amour est une contemplation de la beauté éternelle
rapportée à sa créature. Ce serait sans doute un bel
idéal que cet amour qui, voyant la beauté céleste
sous une forme terrestre, brûlerait pour elle d'une
flamme sainte, pure et tellement aérienne, qu'elle
serait dégagée de tout aliment matériel ; cet amour
se concentrerait au cœur et ne donnerait d'autre
désir que celui d'aimer pour aimer, mais je crois
peu, et même pas du tout, à cette abstraction ; elle
a bien pu éclore dans le cerveau de quelque philosophe vaporeux ; moi, j'oserais affirmer que ceux-là
mêmes qui la préconisent, ne la pourraient mettre
en pratique malgré tous leurs efforts, même les
plus héroïques. S'ils sont de bonne foi, c'est pour
eux une douce et belle illusion ; si, au contraire, ils
ne sont pas sincères, oh! alors cette utopie devient,
soit une hypocrisie pour masquer une affection, une
liaison coupable, soit un moyen cauteleux pour
s'insinuer peu à peu dans le cœur de la vertu ou de
l'innocence qui, ainsi battues en brèche sans avoir
soupçon du danger, finissent à un moment donné
par se trouver surprises, entraînées et perdues
presque sans s'en apercevoir.

Je sais bien qu'on peut m'objecter les amours
naïves et pure des temps chevaleresques au moyen
âge, notamment ceux de Thibaud III, comte de
Champagne, pour la reine Blanche, femme de Louis
VIII et mère de saint Louis ; on pourrait mentionner
encore l'affection qu'eut Louis XIII pour Mlle
d'Hautefort et Mlle de la Fayette, dont on n'a jamais
mis en doute la pureté. C'était encore là une rare
exception et d'autant plus remarquable, qu'elle se
produisait dans un milieu bien différent de celui
dont je viens de parler ; mais c'étaient des exceptions, même quand elles se produisaient dans un
temps de naïveté, de mœurs exceptionnelles ; or,
l'exception confirme la règle, dit-on, ce qui est vrai,
car, du moment qu'il y a exception, c'est que ce
n'est pas la généralité.

Aussi, je le dis carrément, non ! je ne crois pas à
l'amour vaporeux et impossible qu'on est convenu
d'appeler Platonique ; il ne peut être, je le répète,
qu'une rêverie d'une âme pure et honnête, ou une
hypocrisie, un piège d'une âme souillée et perverse
tendu par elle à la vertu. J'ai déjà eu, du reste, lieu
de parler sur ce sujet dans le chapitre précédent, à
une autre occasion. Je ne m'arrêterai donc pas à
disserter sur les définitions nuageuses que donnent
d'elle les adeptes de cette fiction. La réalité est

exprimée par Grécourt d'une manière assez abrupte, mais vraie, et que je ne crois pas devoir reproduire ; elle a été rendue par un autre écrivain en des expressions plus présentables, il a dit : « L'a- « mour est une inclination dont les sens sont le « nœud. »

Voilà qui est exact, c'est là précisément l'amour tel que Dieu l'a mis au cœur des deux sexes pour la perpétuité de l'humanité. Là encore, Dieu a marqué l'immense supériorité qu'il a donnée à l'homme sur les animaux, il a voulu que, pour lui, la génération ne fût pas seulement une satisfaction sensuelle ; mais qu'elle fût accompagnée du sentiment qui lui donne un charme particulier.

Quel est donc ce sentiment, quelle est sa cause, quelle est sa nature ?

Ce sont là d'insolubles problèmes.

Il y a quelques années, réfléchissant sur ce sujet, j'écrivis un morceau de poésie intitulé : *Une pensée ;* je ne crois pas hors de propos de citer ici la première strophe, la voici :

Mystérieux effets de l'amour sur le cœur,
A-t-on de vos secrets résolu le problème ?
Rien ne nous dit encore ce qui fait que l'on aime ;
Inexplicable attrait, inexplicable ardeur,
Amour, d'où proviens-tu ?... le sais-tu bien toi-même ?

Cependant, sans chercher à analyser et à expliquer, je crois qu'on peut dire que l'amour est un mystère du cœur et de l'imagination qui l'enfantent à eux deux, par un concours simultané ; le cœur lui donne toutes les expansions de la tendresse, l'imagination, ses flammes, ses caprices, ses folies. C'est là seulement ce qu'on peut dire sur cette question ; et tous, nous pouvons en disserter, les apprécier, parce que ce sont des effets que l'on sent ou que l'on a sentis, et que l'on voit se produire autour de soi dans les autres.

Ces impressions sont éprouvées à tous les âges, parce que ni le cœur ni l'imagination ne vieillissent. Le corps se courbe, se flétrit sous le poids des glaces qu'amoncelle sur lui chaque hiver ; le cœur reste chaud, l'imagination reste ardente ; ce que 'ai écrit il y a déjà quelques années au sujet de cette dernière dans la septième strophe d'une ode que publièrent plusieurs journaux, et que je reproduis *in extenso* comme prélude du petit poème qui suit ce chapitre, peut se dire de l'un et de l'autre.

En effet, les impressions du cœur et de l'imagination survivent longtemps à la jeunesse, et ce qui est plus étonnant, c'est qu'elles survivent avec toutes leurs passions, leurs ardeurs, leurs illusions, leur déraison, leurs folies. C'est ce qui a fait dire à l'un de nos plus profonds philosophes, Lafontaine, dans la fable du lion amoureux :

> Amour, amour, quand tu nous tiens,
> On peut bien dire : adieu, prudence.

Aussi peut-on affirmer que, de tous les phénomènes de notre être moral, le souvenir, la pensée, la volonté, etc., etc., l'amour est assurément le plus étonnant, puisque les autres faiblissent, et que lui seul conserve son intégrité.

Mais ce n'est pas à ce point de vue seulement qu'il est surprenant, il l'est encore plus dans ses effets. Ainsi nous le voyons attirer l'un vers l'autre et assimiler entre eux les éléments les plus dissemblables, les plus opposés; les contrastes les plus frappants ne sont point pour lui des obstacles; à son souffle doux et parfumé, ils fondent comme les glaces aux tièdes brises du midi; du bout de ses doigts roses et déliés il touche les yeux, et aussitôt ils voient en beau leur objectif. Les différences d'âge, de goûts, de position, de naissance, d'opinions, de caractères, tout s'efface sous son influence, on dirait un de ces enchanteurs que nous dépeignent les légendes du moyen âge, qui, en donnant à respirer le contenu d'une fiole perfide, faisaient perdre la raison.

Et, s'il est étonnant dans ses effets, n'est-il pas curieux à étudier dans sa marche, véritable progression ascendante?

Il apparaît dès l'enfance, comme une forme incertaine et gracieuse à travers un nuage rose et diaphane; ce ne sont encore que des idées confuses, mais qui semblent bien douces. Rien n'est plus charmant que de voir des enfants jouer aux amoureux; ces petits personnages minaudant avec une délicieuse naïveté, contrastant avec des airs lutins qui feraient croire qu'ils entendent malice, ce qui n'existe qu'en apparence, offrent le spectacle le plus amusant qu'il soit possible d'imaginer.

Quelques années s'écoulent, la scène change; les petites filles sont devenues des jeunes personnes, les moutards, de jeunes hommes; leur raison a pris tout son développement, ils ont dix-huit ans, ils entrent dans la vie, ils sont au printemps de leur âge; l'avenir leur apparaît avec des horizons immenses et remplis de séduisantes images.

Pour les premières, les impressions du cœur sont encore à l'état de fantôme mystérieux et brumeux, dont l'aspect traversant leur imagination, couvre leurs joues d'une pudique rougeur; pour les seconds, ces mêmes impressions offrent quelque chose de plus précis, de moins vaporeux, et cependant, la première fois qu'ils les éprouvent, elles les jettent dans un trouble inexplicable.

De cette situation du cœur et de l'esprit chez les deux sexes, il résulte que l'amour ne se révèle que timidement, et presque confus de son apparition : c'est un mystérieux je ne sais quoi, qui plonge l'esprit dans une vague rêverie, et remplit le cœur d'un sentiment inconnu dont on cherche à se rendre compte sans y parvenir complètement. Cependant, en présence de l'objet qui cause cet état anormal, on se trouble, on sent qu'on a un secret à garder, le secret d'un sentiment que peu à peu on finit par reconnaître, d'un sentiment intime qu'on ne veut pas laisser pénétrer.

Plus tard, quand, plus avancé dans la vie, on se rend mieux et plus vite compte de tous les mouvements psychologiques qui se peuvent produire en soi, on éprouve à peu près les mêmes impressions, mais on sait de suite à quoi s'en tenir; on apprécie immédiatement la situation de son cœur.

Tous les humains, je dirai presque sans exception, sont sujets à subir les atteintes de l'amour; le même Brahmane, à la correspondance duquel j'ai emprunté une citation déjà, s'exprime ainsi à ce sujet : « Et l'amour ne laisse sans les tenter, ni « l'humble, ni le puissant. Siva lui-même, Siva aux

« cheveux bouclés, ne peut pas résister à la puis-
« sance de l'amour, comme vous pouvez le lire dans
« l'*Histoire de Pandya* et de son *Étendard-Poisson*, et
« dans bien d'autres légendes. Les femmes ne sont
« pas moins agitées par les passions que les hom-
« mes. »

Je ferai remarquer que j'ai dit les atteintes et non
pas l'empire, parce que, en effet, je crois que Vol-
taire a été trop absolu dans les deux vers suivants
écrits par lui, pour être mis au bas d'une statue per-
sonnifiant cet être moral :

> Qui que tu sois, voici ton maître ;
> Il le fut, l'est, ou le doit être.

Il est plus vrai de dire que la presque universa-
lité des humains sont sujets à recevoir dans leur
cœur l'étincelle qui y allume l'essence inflammable
déposée par la nature, mais il ne s'ensuit pas que
forcément cette essence prenne feu, avec le développement d'un incendie.

Non, l'amour ne devient pour le cœur une
flamme dévorante, pour l'esprit un tyran impérieux
et impitoyable, que si on n'en arrête pas le développement ; quand on a soin de ne le point laisser
s'impatroniser dans le cœur, prendre domicile dans

la pensée, il s'éteint insensiblement comme un foyer que l'on n'alimente pas.

Je sais bien que ceci est souvent plus aisé à dire qn'à faire; je sais bien qu'il est certaines natures très faciles à mettre en incandescence, certaines imaginations que l'on ne retient pas aisément; celles-là sont entraînées, emportées comme par un irrésistible courant; il n'est sorte d'écarts, de folies, de bêtises dont elles ne soient susceptibles, les gens d'esprit et les gens de cœur comprennent la situation; ils ne l'approuvent pas assurément, mais, tout en blâmant même très sévèrement, ils compatissent; les imbéciles, les gens sans cœur, et la tourbe du vulgaire condam: ent acrimonieusement.

Je remarquerai ici que ce serait très mal interpréter ma pensée que de la considérer comme l'expression d'une sorte de tolérance envers les écarts de l'amour; non certes, et cette compassion dont j'ai parlé peut se qualifier par ces mots : la pitié du mépris. Or, cette pitié a toutes sortes de manifestations plus ou moins perceptibles pour la personne qui en est l'objet, et elles ne lui sont pas épargnées, et elles n'en arrivent pas moins sur son cœur, soit comme le contact d'un fer rouge qui s'y enfonce douloureusement, soit comme une goutte d'eau glacée sur du sucre en fusion où elle cause un fris-

sonnement grinçant; c'est qu'en effet, la dédaigneuse pitié des gens d'esprit et de bon sens est
infiniment plus cruelle et plus poignante que les
plus aigres sarcasmes des sots et du vulgaire : on se
moque du sifflement des premiers, on n'écoute pas
même le murmure du second, on laisse les traits
des uns et des autres se perdre dans l'air ou tomber
misérablement dans la poussière.

Mais quand j'ai parlé du vulgaire, je n'ai pas entendu faire allusion à l'opinion publique ; celle-là
est respectable et puissante et tout individu, quel
qu'il soit, doit, à moins d'être un effronté, un *sfac-
ciato*, suivant le mot italien plus expressif que le
nôtre, doit, dis-je, tenir essentiellement à se la concilier. Notre proverbe dit avec juste raison : bonne
renommée vaut mieux que ceinture dorée ; ce que
j'entends donc par *vulgaire*, ce n'est pas le public en
général, mais cette masse d'êtres aussi stupides que
méchants qui sont à l'affût, guettant tous les propos, tous les cancans pour les saisir au passage et
les jeter ensuite en pâture à la curiosité et à la
malveillance des ineptes et des oisifs, de même
qu'un montreur de bêtes attend, au sortir de son
trou, quelque serpent dans les Indes, pour le saisir
et le placer dans sa ménagerie qu'il expose aux regards des curieux et des badauds auxquels, monté

sur ses tréteaux devant sa baraque, il débite son boniment.

Disons donc que, si l'amour peut pousser à toute sorte d'actes insensés ou ridicules, s'il peut troubler notre raison, s'il peut bouleverser notre existence, il est pour nous, selon les circonstances, un tyran cruel, un dominateur impérieux, ou un souverain qui nous comble de faveurs ; en un mot, il nous apporte, en venant nous visiter, l'agitation, les anxiétés, les appréhensions, les jalousies, les chagrins amers, la rage, d'horribles tortures morales, le mépris même ou d'ineffables jouissances du cœur et d'immenses félicités de l'esprit, selon qu'il est licite ou illicite.

Les femmes, dit-on, plus faibles que les hommes, sont aussi plus sensibles ; je ferai à ce sujet une distinction. Si cela veut dire que cette faiblesse, cette sensibilité les rend plus sujettes à tomber dans des égarements, je nie ; car, ce qui se passe tous les jours sous nos yeux, nous montre que le sexe masculin ne leur cède en rien en extravagances, si même il ne l'emporte. Si on entend exprimer la pensée que l'affection des femmes est plus pure, plus profonde, plus délicate que celle des hommes ; oh ! là, j'adopte, mais je demande : sont-elles plus fidèles ?

Je ne répondrai à cette question que par cette réflexion : il y a beaucoup à dire pour et contre.

Il me paraît difficile de rien déterminer sur ce point avec quelque certitude, mais je reconnais volontiers l'immense supériorité féminine dans une foule de détails qui ont une certaine importance. Ainsi, elles sont aussi ingénieuses que possible à dissimuler leurs affections ; elles ont un art incroyable, une délicatesse exquise pour les laisser apercevoir quand elles le veulent ; de même, elles ont une étonnante perspicacité à pénétrer l'impression qu'elles produisent et à en apprécier l'étendue ; il y aurait à écrire je ne sais combien de pages pour développer tout ce qu'a de ressources le génie féminin, il me suffit de le mentionner ; j'ajouterai seulement que les femmes comprennent que l'amour est mystère, que c'est là son plus grand charme, et qu'elles mettent tous leurs efforts à le lui conserver.

Ce besoin de mystère est un caprice de l'amour, qui en a bien d'autres ; j'en ai déjà désigné quelques-uns, ajouterai-je à leur nomenclature cette inexplicable impression produite par une personne plutôt que par une autre, souvent sans que rien puisse la justifier, quelquefois même quand tout semblerait devoir s'y opposer. D'autres fois ce sont

des choses ou des circonstances on ne peut plus
futiles, on ne peut plus insignifiantes en apparence
qui provoquent cette impression. Il peut arriver
même que, par une inexplicable bizarrerie, l'on
produise sur la personne qu'elles font aimer un
effet tout opposé, que, non seulement on lui dé-
plaise, mais qu'on lui soit tout à fait antipathique;
l'amour semble se faire un jeu de produire ces ano-
malies.

Dans le cours ordinaire et explicable de ce qui
se passe, une foule de circonstances ou de choses
concourent à créer les sympathies ; ainsi, une rencontre imprévue, une conversation agréable, un
incident quelconque, etc. Les charmes du caractère, les agréments de l'esprit, les grâces du physique, la beauté ou la gentillesse du visage, etc., etc.;
mais quand il arrive que la personne qu'on dis-
tingue au milieu du monde qui vous entoure est
précisément celle qui possède tous ces avantages à
un degré le moins élevé, comment expliquer cela ?
C'est là un problème insoluble. Les personnes qui
éprouvent ces effets psychologiques, ne pourraient
pas elles-mêmes déterminer par quel mouvement
ils se produisent. Elles ne peuvent ni les analyser,
ni, par suite, s'en rendre raison; on les éprouve,
on les éprouve à priori, involontairement, et leur

5.

action subite n'est ni raisonnée, ni calculée, ni même appréciée. Or, si ceux qui ressentent ces impressions de sympathie ou d'antipathie sont impuissants à en rendre compte, cela est encore plus impossible pour les autres, même pour les philosophes les plus perspicaces ; on peut bien deviner les secrets de la pensée, on peut bien y voir l'effet, mais pénétrer la cause ! Ceci, c'est lettre close.

L'amour est fantasque ; il veut assujettir, mais rester libre de son choix ; on ne peut ni le lui imposer, ni même le lui indiquer. Dans le premier cas, il se cabre comme un cheval qui refuse le mors ; dans le second, il échappe comme un passereau que l'on tient dans ses mains et qui, glissant entre les doigts, prend son vol et s'enfuit.

S'il est impossible d'indiquer par quel mystérieux accord psychologique se produit l'attraction de deux êtres, l'un vers l'autre ; comment se forme l'invisible lien qui les attache ensemble, et cela, si fortement, qu'il ne peut être brisé sans faire éprouver de douloureuses commotions morales et souvent même, physiques ; en revanche, on sait bien que les nœuds que forme cette union sont si intimes, qu'elle identifie tellement l'un à l'autre ceux qui s'aiment véritablement et sincèrement, qu'il n'est sorte de sacrifices qu'ils ne soient disposés à se faire, sorte de dévouement dont ils ne soient susceptibles si l'occasion s'en présente. Aucune autre affection n'est comparable à celle-là, aucune autre n'a une aussi grande puissance. Je ne crois même pas qu'on puisse faire d'exception pour la tendresse maternelle, qui exerce pourtant un si grand empire.

Cependant, on a vu quelquefois l'amitié, cet autre sentiment moins vif, il est vrai, mais peut-être plus solide, produire un semblable héroïsme de dévouement; seulement, c'est infiniment plus rare, parce que ce dévouement ne peut arriver à un si haut paroxysme, que par une extrême exaltation que ne saurait amener l'affection placide de l'amitié, si ce n'est dans des circonstances tout à fait exceptionnelles.

L'amitié n'est formée que d'un seul élément, le cœur, foyer du sentiment; l'amour en a deux, ce même cœur et l'imagination. Le cœur a le privilège d'être le centre de l'affection, l'imagination a celui d'en avoir l'initiative, de la réchauffer, de la grandir, de la transporter.

L'action de ces deux éléments réunis opère sur nous d'une manière différente, mais simultanée; l'imagination séduit, le cœur attache; l'une est l'étincelle, l'autre est le foyer qu'elle allume. Il y a pourtant entre eux une certaine différence, c'est que, sans l'imagination, le cœur serait nul, tandis qu'elle, elle peut agir sans son concours, mais alors elle devient matérielle ; elle n'agit plus pour former un sentiment pur et profond, mais pour enfanter et surexciter les désirs sensuels.

L'imagination ne s'attache pas de prime abord aux qualités de l'objet, je ne dirai pas aimé, mais désiré ; elle ne voit que l'aspect extérieur qui lui plaît, qui l'allèche, si je puis m'exprimer ainsi ; elle ne poursuit plus qu'un but sensuel, et suivant qu'elle est plus ou moins surexcitée, elle le poursuit *per fas et nefas* : elle a le plaisir pour objectif, pas autre chose. Aussi, si lorsqu'on éprouve quelque attrait qui vous porte vers une personne d'un autre sexe, on ne se sent préoccupé que de ses charmes extérieurs, on peut avec certitude se dire qu'on ne ressent qu'un amour sensuel, un de ces amours qui peuvent être ardents, violents même, mais qui doivent infailliblement s'éteindre dans la possession de l'objet aimé. On a avancé que, pour l'amour du cœur, le même effet se produit ; je crois que c'est une erreur ; il ne s'éteint dans la possession que si on ne le cultive pas, ou qu'on le fasse maladroitement ; c'est une plante très délicate qu'une trop grande chaleur brûle, que la sécheresse étiole et qui meurt dès qu'on la néglige ; mais elle conserve toute sa sève si on lui donne des soins assidus et intelligents.

Je ne veux pas prétendre que l'affection, pour être vraie, doive être entièrement fondée sur les qualités, les mérites que l'on a pu découvrir dans la personne qui l'a inspirée ; ceci serait une contradiction avec l'opinion que j'ai émise déjà au sujet de l'amour·platonique ; non, telle n'est point ma pensée. Je reconnais que les charmes extérieurs peuvent entrer pour une bonne part dans l'ensemble qui nous séduit, mais que le physique ne doit pas être la seule chose qui plaise ; on doit' compter le moral pour beaucoup. Il faut, pour qu'une affection soit sérieuse et durable, qu'elle se base sur la réunion de ces deux éléments ; il faut qu'elle soit empreinte d'une extrême délicatesse, qui relègue sur le second plan toute pensée sensuelle comme n'étant que l'accessoire ; il semble, d'ailleurs, en ce cas, que l'objet aimé la pénétrerait et que sa pudeur en serait blessée.

Aussi, pour moi, le critérium de l'amour vrai, c'est la réunion du respect et de la délicatesse exquise et pudique du sentiment, n'entrevoyant le désir sensuel qu'à travers un brouillard.

C'est surtout au moyen âge, au temps de la chevalerie, que règne et fleurit cet amour délicat, respectueux et chaste. C'est dans les chants des Bardes, des Trouvères, des Troubadours, dans les romans, dans les légendes, je dirai même dans les chroniques de cette époque, où la vie se partageait entre les combats, les tournois et une chaste galanterie, que l'on trouve et que l'on admire ce respect et cette délicatesse dont je parlais tout à l'heure ; ce fut la plus belle époque pour les femmes, ce fut le temps où elles régnaient en souveraines sur les cœurs et sur les esprits, où elles furent l'objet d'une sorte de culte, presque comme celui rendu aux saints par le christianisme. Un chevalier, dans un combat ou dans un péril extrême, invoquait la dame de ses pensées, comme s'il se fût adressé à son patron, et son courage s'exaltait, et il n'y avait point de dangers qu'il n'eût bravés ; il se sentait fort, il se sentait terrible en s'étant mis en quelque sorte, par une invocation mentale, en présence de sa dame.

Les récits de cette période brillante de l'histoire des sociétés modernes, fourmillent de faits d'armes étonnants, d'entreprises incroyables accomplis sous l'impulsion de cet enthousiasme qu'inspiraient les femmes ; l'antiquité, à ses plus belles époques, n'a jamais rien produit de semblable.

Toutes les merveilles attribuées aux héros fabuleux du paganisme sont assurément des traits de courage, de témérité, de force, mais elles n'ont point ce cachet particulier aux faits du moyen âge ; il y manque l'intervention des femmes, il y manque l'amour, — l'amour délicat et exalté, ce puissant mobile des exploits chevaleresques, l'amour que les païens ne comprenaient pas comme nous.

Pour bien saisir la nuance, la différence qui existe entre la manière dont les anciens envisageaient l'amour, et l'aspect sous lequel on le comprenait au moyen âge, il suffit de lire les histoires d'Hercule, de Thésée, de Pyrithoüs et autres en les comparant avec les légendes de Lancelot du Lac, de Renaud de Montauban, de Roland, etc., les poèmes d'Homère, de Virgile, avec ceux de Boyardo, d'Arioste, de Tasse.

Cependant, quelques rares philosophes de l'antiquité s'étaient fait une idée de l'amour ayant une grande analogie avec celle dont je viens de parler ; Platon, par exemple, avance que ni les richesses, ni les honneurs, ni la naissance ne peuvent être un plus puissant stimulant que l'amour pour mener une vie honnête, c'est-à-dire pour faire concevoir la honte du mal et une noble ardeur pour le bien, sans lesquelles, dit-il, il est impossible qu'un Etat ou un particulier fasse jamais rien de beau ni de grand.

il ajoute que, si un homme avait commis une mauvaise action ou enduré un outrage sans le repousser, il n'y aurait ni père, ni mère, ni parents, ni personne au monde devant qui il ait autant de honte de paraître que devant celle qu'il aime.

Comme on le voit, voilà presque les idées de nos anciens preux, idées que leur époque a léguées aux générations qui leur ont succédé. Aujourd'hui même où la femme a, par sa faute, tant perdu de son ancien prestige, elles sont encore admises, du moins par les hommes qui ont conservé quelque trace de la tradition des siècles passés; hélas! ils ne sont pas nombreux!

Ce respect, ces égards pour les femmes qu'on avait autrefois, même dans les amours illicites, n'existe plus; un homme, devenu le complice d'une femme coupable, se croit autorisé à être grossier et impertinent avec elle; ô temps de l'éducation distinguée et des procédés délicats, qu'êtes-vous devenus?

Autrefois, ces manières élégantes et convenables se trouvaient dans tous les rapports entre les deux sexes; l'union la plus intime ne les excluait pas, elle y trouvait, au contraire, un charme de plus, un charme de distinction qui la plaçait au-dessus de la trivialité et des allures vulgaires: le vice n'en était pas moins le vice, mais il n'était pas la brutalité.

Au surplus, ce n'est pas seulement dans l'amour illicite qu'a disparu le respect dû aux femmes, il s'est si considérablement affaibli dans les cas même avouables, qu'il est presque effacé.

Mais laissons ces regrets, et voyons notre sujet sous un autre aspect.

Si l'on se demande quel est le principe de l'amour, on trouve qu'il a son origine dans le sentiment de l'immortalité pour laquelle nous avons été créés et que nous avons perdue; et sur quoi se fonde cette explication? sur les fins que se propose l'amour légitime, et voici comment.

La fin qu'a en vue l'amour légitime, c'est la possession de l'objet aimé dans l'union que crée et cimente le mariage, puis le but vers lequel tend le mariage, c'est l'accomplissement de la loi de la Providence, la reproduction. Or, la reproduction, c'est la perpétuité de notre être qui doit périr, nous le savons, mais qui se continuera dans ceux qui nous devront la vie; ils sont d'autres nous-mêmes et ils nous survivront quand nous ne serons plus. Déjà, j'ai exprimé plus haut quelque chose d'analogue, mais je crois bon d'y revenir pour le mieux inculquer dans l'esprit.

On prétend, ainsi que je l'ai déjà dit, que l'amour languit et finit par s'éteindre avec le désir dans la possession de l'objet aimé; cela est vrai pour l'amour illégitime, qui, n'étant pas une passion épurée par son but, par le sentiment honnête, devient une passion furieuse, désordonnée, fugitive, et conduisant, tant qu'elle dure, à tous les écarts, toutes les folies, puis finalement et forcément rend blasé pour le sentiment aussi bien que pour le plaisir; le cœur se flétrit, se dessèche comme un fruit sur un arbre que brûle l'ardeur torride d'un soleil d'Afrique; le désir s'émousse; semblable à un tranchant usé, il ne peut plus être aiguisé que par de déplorables excentricités.

Il n'en est point ainsi des jouissances douces et légitimes des époux. Leur flamme est plus durable, parce qu'elle se nourrit d'aliments moins combustibles et qui, par suite, ne sont pas réduits en cendres en quelques jours.

Que si, pourtant, il arrive que le refroidissement se fasse dans cette union si intime, qu'il n'en est point d'autres qui lui puissent être comparées, qui est si forte, si puissante, qu'elle est indissoluble, la responsabilité en incombe uniquement aux époux.

L'amour est une flamme, cela est vrai, une flamme très ardente, c'est encore certain; mais, comme à tous les feux possibles, comme à celui qui brûle dans l'âtre de nos foyers, il lui faut un aliment continuel ; or, la plupart du temps, dès le lendemain du mariage, on se croit dégagé de tous les soins qu'on s'est donné pour plaire avant d'être unis. La passion se calme, l'entraînement s'arrête ; il semble que, puisqu'on ne fait plus qu'un, les deux individualités formant cette unité ne doivent pas plus d'attentions l'une à l'autre que ne se s'en doit à soi-même chacun séparément.

Voilà l'erreur, voilà la faute. Si, au lieu de se faire cette fausse idée, les époux savaient, au contraire, se persuader que leur union ne les dispense pas de continuer à chercher à se plaire réciproquement ; qu'ils doivent s'efforcer de se varier autant que possible l'un à l'égard de l'autre, afin de rompre la monotonie qui résulte d'une perpétuelle uniformité ; oh ! alors, ce refroidissement qui se produit trop souvent n'arriverait pas, et les flammes de leur tendresse, toujours entretenues par un aliment qui leur serait sans cesse fourni, ne s'éteindraient jamais ; elles pourraient, comme le bon Homère, s'assoupir, mais ce serait pour se réveiller aussitôt et plus vives.

Il faut bien convenir que c'est du côté du mari qu'est la première faute ; c'est à peu près toujours lui qui commence à ralentir son ardeur, à négliger

envers sa femme ces petites attentions, ces expressions de tendresse dont il était prodigue avant son
mariage ; d'abord l'épouse se sent blessée, elle
pleure en secret quelquefois, puis elle prend son
parti et agit comme on fait envers elle. Heureux
encore, quand, à ce moment où l'amour s'envole, l'amitié peut rester comme gardienne de la
sainteté de la foi conjugale et de l'honneur du
foyer.

On conçoit que, dans les mariages formés sous
les auspices de calculs d'intérêt ou de position,
l'amour n'a à jouer qu'un rôle tout matériel ; il n'y
a point eu de passion, de sympathie préalable, il
ne peut y avoir, la plupart du temps, qu'une affection très limitée : cependant cette affection peut
être assez puissante pour faire aimer l'accomplissement des devoirs conjugaux.

Cette affection peut devenir chez l'homme une
douce amitié, et chez la femme, plus impression-
nable, elle peut atteindre les proportions d'une
tendresse plus vive.

Toutefois, tout cela est subordonné aux principes, aux idées dans lesquelles les époux ont été
élevés. Sous les auspices de la religion et de la
vertu, cet amour relatif peu se développer, se for-
tifier et rendre aussi heureuse que possible l'union

d'époux quelquefois assez mal assortis ; mais sans ces conditions, cela ne peut exister, et qu'en résulte-t-il ? Les désordres, les scandales que nous voyons trop souvent se produire et prendre de plus en plus d'extension.

Si, comme je l'ai dit, c'est le mari qui, dans les mariages d'inclination commence à se refroidir, c'est aussi lui qui a les premiers égarements, il est bien rare que ce soit la femme qui commence à entrer dans cette funeste voie. Cela se conçoit ; l'homme, dans sa vie de garçon, est habitué à une grande liberté d'allures et de mœurs, il peut y renoncer momentanément après son mariage, mais il y revient bien vite, s'il n'a aucun frein religieux ou moral qui l'arrête.

La femme, au contraire, élevée ordinairement dans de bons principes, la femme naturellement chaste, ne cesserait pas de l'être si on savait cultiver et entretenir dans son cœur cette belle vertu, ou si de perfides conseils n'y venaient verser le poison corrupteur.

Il est à remarquer que ce sont presque toujours les femmes qui se perdent entre elles ; souvent les séductions de la cour la plus assidue seraient impuissantes à amener ce résultat, si une fausse et perfide amie ne venait souffler sur l'esprit la surexcitation des passions et sur le cœur le froid de l'insensibilité.

Une femme qui s'est jetée dans le déréglement n'a rien de plus à cœur que d'y entraîner toutes celles qu'elle peut ; il lui semble que les fautes des autres sont une sorte de justification des siennes ; elle s'absout elle-même, ou plutôt s'étourdit sur ses désordres en se disant qu'elle n'est pas la seule dans cette situation ; aussi rien n'est-il plus à redouter pour la vertu d'une femme honnête, que la société de femmes vicieuses. Les vieilles femmes surtout qui ont eu le plus d'écarts tant qu'elles en ont pu avoir, sont les plus redoutables ; elles éprouvent une joie indicible à fomenter, à favoriser, à presser la chute de la vertu ; pour peu qu'elle chancelle, sa perte est certaine, entre les mains de ces vieilles sybilles, qui n'ont plus que le souffle empesté de la corruption.

Et lorsque les semences du vice viennent tomber sur le terrain de ces unions mal assorties, ou tout au moins glaciales dont je parlais tout à l'heure, combien plus facilement germent-elles et produisent-elles leurs fruits !

Combien d'autres causes encore concourent à la démoralisation ! assurément une grande part en incombe aux publications en vers et en prose, dans lesquelles on dépeint, avec toutes sortes de détails émouvants, les égarements de l'amour en rendant ces peintures le plus séduisantes, le plus attrayantes possible ; c'est surtout dans les romans modernes que tous les journaux publient en feuilletons, que l'on trouve une véritable école d'immoralité ; là est étalée une exhibition de passions déréglées, d'incitations aux ivresses des voluptés, sur lesquelles on s'arrête avec complaisance, comme si c'étaient des modèles à suivre qui fussent offerts, ayant pour but de préconiser la corruption et d'y encourager.

Je citerai ici à ce sujet de magnifiques réflexions du P. Félix dans sa quatrième conférence à Notre-Dame de Paris, en 1867. Le célèbre orateur s'adresse aux écrivains des romans modernes : je me félicite d'avoir une aussi haute sanction à donner à mes observations.

« O démolisseurs publics de nos innocences et de
« nos vertus ! Quoi ! vous osez nous dire en vous
« lavant les mains des souillures infligées aux âmes
« par vos impuretés littéraires : Changez vos mœurs
« et nous changerons nos œuvres ! Et moi je vous
« dis : Changez vos œuvres et vous changerez nos
« mœurs ; mettez la pureté dans vos livres et vous
« la ferez passer peu à peu dans les âmes ; et cette

« pureté dans les âmes produira peu à peu dans
« les arts la véritable beauté. —

. . . .

« Mais, messieurs, autre chose est de créer des
« œuvres immorales, autre chose est de tuer la mo-
« ralité ; autre chose est de blesser la conscience,
« autre chose est de la détruire ; autre chose est de
« braver le remords par des œuvres ou par des lec-
« tures provocantes, autre chose est de le suppri-
« mer. Ah ! sans doute, dérouler pendant de lon-
« gues heures devant les imaginations ardentes des
« turpitudes auxquelles une vertu vulgaire ne peut
« pas même songer, c'est un mal, un mal profond
« déjà ; mais légitimer la honte, absoudre le scan-
« dale, justifier le crime même, le crime, qui se
« nomme ici l'adultère, là l'inceste, ailleurs l'assas-
« sinat, l'assasinat qui tue le rival, l'amante ou
« l'épouse, ou bien le suicide qui se tue lui-même
« par une lâcheté et un crime suprême ; voilà ce
« qui porte à la morale d'abord et à l'art ensuite de
« mortelles blessures... Eh bien, j'ai quelque honte
« de le dire, la littérature contemporaine et en par-
« ticulier la littérature du drame et du roman est
« tombée jusque-là. A travers des péripéties où l'on
« marche avec dégoût, de honte en honte, et souvent
« de crime en crime, on rencontre avec un étonne-

« ment plein de tristesse des apologies pour toutes
« les hontes et des absolutions pour tous les crimes.
« Des dramaturges et des romanciers qui, en face
« des quelques rares condescendances de la casuis-
« tique chrétienne, prendraient peut-être les atti-
« tudes les plus scandalisées, ne rougissent pas
« d'étendre sur tous les crimes, sur toutes les dé-
« bauches, sur toutes les cruautés et quelquefois
« sur toutes les scélératesses le voile doré de leurs
« morales nouvelles. » —

Que l'on transporte dans un roman les erreurs
de l'amour, ses fautes, ses faiblesses, cela peut entrer dans les nécessités du sujet, mais au moins
faudrait-il d'abord jeter un voile sur certaines situations et en supprimer complètement d'autres
qui ne peuvent que surexciter les sens et l'imagination ; ensuite, l'auteur ne devrait-il pas, quand il
met dans la bouche de ses personnages l'exposé des
principes les plus corrupteurs, les plus immoraux,
placer à côté des réflexions montrant ce que de
semblables principes ont de faux, de contraire à la
saine raison, à la morale, à l'honnêteté ? et non
seulement on n'agit pas ainsi, mais on pousse jusqu'aux dernières limites possibles sans tomber
dans l'obscène, les images, les scènes que l'on fait
passer sous les yeux du lecteur, et l'on semble don-

ner une sorte de sanction aux maximes perverses
que l'on met dans la bouche de ses personnages.
C'est ce qui, après que le grand prédicateur dont j'ai
parlé plus haut, s'est étendu sur ce sujet avec
des détails donnés par les citations horriblement
typiques qu'il fait, le pousse à stygmatiser l'auteur
donnant à ces crimes sans remords et à cette apo-
logie sans pudeur des faits atroces qu'il met sous
les yeux, la complicité de son silence, et alors il
s'écrie : « Ah ! messieurs, cela n'est plus seulement
« l'immoralité, cela se nomme le cynisme de la lit-
« térature. »

Il existe même un journal qui s'est donné la
mission spéciale de cette incitation à la luxure, *la
Vie parisienne*; de chacune de ses pages crayonnées
à travers le texte de croquis plus ou moins amu-
sants s'échappent des senteurs libidineuses dont
elles sont imprégnées ; le vice est exposé, non pour
le blâmer ou le flétrir, mais pour le rendre sédui-
sant et contagieux ; et tout cela est d'autant plus
dangereux et entraînant, que c'est présenté avec
esprit et talent par les écrivains qui rédigent ce
journal. Dans un des numéros de l'été 1876, on a
même poussé l'audace jusqu'à indiquer, sous forme
de conseil aux femmes, toute la marche d'une in-
trigue galante, depuis son premier pas jusqu'au

dernier, et cela avec des détails incroyables d'impudeur et d'impudence. Dans un numéro suivant, ç'a été le tour des hommes auxquels des avis du même genre ont été donnés. On pourrait croire que j'exagère, mais on se convaincra que non, si on lit les numéros de ce journal du 15 juillet et du 29 du même mois de l'année indiquée plus haut.

— Et toutes ces œuvres démoralisatrices courent le monde, y sont lues avec avidité, et vont y jeter le trouble dans les cœurs et les imaginations, les ouvrir aux désirs déréglés et les prédisposer aux écarts dans lesquels, ainsi préparés, il est difficile qu'ils ne tombent pas à la première occasion.

Mais j'irai plus loin au sujet des romans en général, même de ceux qui sont dans un bon esprit, et, sans vouloir présenter leur lettre comme étant précisément dangereuse, je dirai qu'elle jette dans notre être moral quelque chose de vague où l'imagination et le cœur flottent dans le vide comme un aérostat dans l'éther à travers une brume que l'œil ne peut pénétrer; on se sent dans une atmosphère vaporeuse, on ne songe à rien de précis, mais on ressent une émotion, on est encore sous l'empire de celles que vous ont fait éprouver les péripéties du récit que l'on a lu. Ce n'est pas tout à fait le trouble dans la pensée; ce n'est ni la voix du sentiment, ni l'aiguillon des sens ; c'est un état assez difficile à définir d'une manière positive, on peut dire que c'est une tendance vers un objectif nuageux qu'on ne veut pas permettre à l'esprit d'apercevoir, vers des idées que l'on veut éloigner et qui d'ailleurs, ne se présentent que très confuses et incertaines ; c'est, enfin, un je ne sais quoi mental que l'on ne cherche pas à définir et que l'on sent cependant en soi. Or, n'est-il pas incontestable que si cet état est continuellement entretenu par de semblables lectures, chaque jour il s'accentue de plus en plus et, finalement, se traduit en dangereux travail de la pensée ; ce travail n'est pas encore complètement déréglé, mais il est facile qu'il le devienne : il suffit pour cela de la moindre surexcitation ; c'est un vase plein d'eau qui, légèrement agité par un faible mouvement d'oscillation imprimé au meuble sur lequel il est posé, déborde à la plus petite impulsion.

Assurément, je n'ai pas l'intention de condamner ici les romans qui n'ont aucun caractère immoral, ni au point de vue du sensualisme, ni au point de vue religieux, ni au point de vue social, ce serait une exagération : ce que je veux, c'est simplement indiquer un effet psychologique plus ou moins grand, selon le degré d'impressionnabilité des lecteurs ; ce que je veux, c'est en signaler le danger, afin que l'on se puisse prémunir contre les impressions desquelles il peut résulter.

L'amour livré à lui-même, à sa tendance naturelle, serait simplement une aspiration aux voluptés, un besoin du cœur de s'assimiler un autre cœur, un élan de l'imagination vers un idéal de tendresse et de bonheur. Tel est, en peu de mots, le résumé de tout ce que j'ai dit jusqu'à présent.

Dans cette situation, il serait à peu près à l'état d'un cheval vigoureux et léger, lâché en liberté dans des prairies aux horizons sans bornes, mais qu'une main prudente arrête et calme dans ses ébats, pour lui donner un frein : ce frein c'est la loi, c'est la religion; et il est à remarquer que, chez les peuples les plus barbares, se trouvent réunis ces deux modérateurs, qui maintiennent l'élan désordonné des passions, cimentent et consacrent l'union de l'homme et de la femme qui se vouent à s'attacher l'un à l'autre. Chez la plupart de ces peuples livrés encore à l'adoration des fausses divinités, de terribles châtiments sont réservés à ceux qui outragent la foi conjugale. Le christianisme, en faisant de la fidélité à cette foi jurée au pied de ses autels, plus qu'un précepte, en la plaçant sous la garantie d'un sacrement, n'a point prescrit de pénalité matérielle pour les prévaricateurs, c'est la loi civile qui s'est chargée de ce soin, encore ne l'a-t-elle fait qu'avec une extrême modération, et ne poursuit-elle jamais d'office les coupables.

L'amour ainsi régularisé, ainsi retenu dans des bornes convenables, ainsi dirigé dans ses voies, devient le mariage dont il a été déjà parlé; sous de pareils auspices il est légitime, il n'a que de justes et raisonnables aspirations; il se condense, si je puis m'exprimer ainsi, il se perpétue. Si, par hasard, cependant, malgré les principes qui le guident, malgré la vertu qui le protège, il arrive qu'il s'égare et que, dans un moment de défaillance, il ait une faiblesse, en ce cas, il ne devient point la corruption; les remords qu'il cause sont des garants certains de cette assertion.

Mais quand le flambeau de la foi s'est éteint, quand la vertu s'est envolée, quand le sentiment personnel de l'égoïsme s'est emparé du cœur; alors il se corrompt et on se jette la tête baissée dans le tourbillon des dérèglements; c'est là le spectacle désolant qui se renouvelle trop souvent à nos yeux dans la société moderne.

J'ai signalé tout à l'heure des causes de démoralisation qui existent dans le monde, puis-je oublier de mentionner encore les danses tournantes si lascives comme on les pratique aujourd'hui? J'en ai déjà parlé dans mon opuscule : *un Coup d'œil sur la scène du-monde, en soulevant un coin du rideau*, et j'ai appuyé cette épithète, *lascive*, du témoignage de M. Xavier de Montépin, qui en parle avec cette même désignation, dans son roman *les Chevaliers du Lans-quenet*. Je disais, dans ma brochure, qu'il n'est pas possible qu'une femme ne soit pas profondément et voluptueusement émue par sa situation si rapprochée de son cavalier, que les deux corps semblent presque adhérer, que les deux visages sont si près, qu'il est presque impossible que les joues, dont on sent la chaleur, ne se trouvent pas forcément en contact par moments, et qu'enfin, elle sent l'haleine brûlante qui s'échappe de la bouche du danseur, tomber comme une vapeur embrasée sur ses épaules nues, et sur son sein palpitant que ne voile pas même une gaze; et l'homme, combien ne doit-il pas être surexcité et poussé à devenir entreprenant par la vue des charmes où plonge sa vue en les dévorant? mais il y a plus encore, c'est cette clôture folichonne, bouffonne, échevelée qui termine les bals, ce je ne sais quoi qui n'est ni un quadrille, ni une valse, ni une polka, et qu'on nomme le *cotillon*, lequel favorise si bien les attouchements les plus indécents, et les plus audacieux, quel effet doit-il produire ? Je ne crains donc pas de voir contester mon opinion, en disant que ces situations sont de puissants agents de trouble pour les sens et pour l'imagination. Il n'est point étonnant que, sous l'empire d'une semblable prédisposition, une femme ne succombe plus facilement, et qu'un homme ne soit enhardi à la presser plus vivement pour l'y amener.

Aussi, combien d'intrigues ont eu là leur origine ! Combien d'amours coupables ont commencé dans les étreintes, les libertés, les licences de la polka ou de la mazurka, les hardiesses, les audaces du cotillon et par les paroles tendres et passionnées glissées doucement dans l'oreille. Une fois ce premier pas fait, le reste marche vite, et la liaison criminelle est bientôt complète.

Cependant, quand il s'agit de femmes élevées dans des principes religieux ou simplement vertueux, leur chasteté naturelle combat plus ou moins fortement, selon que leur cœur ou leur imagination sont plus ou moins impressionnables, plus ou moins impressionnés ; pour les autres qui n'ont pas les mêmes idées, leur chute est rapide, et d'autant plus, que souvent, dans leur for intérieur, elles ne demandent pas mieux.

Dans le premier cas, une faute est une faiblesse, un moment de défaillance ; elle ne brise pas, seulement, quoiqu'elle ne flétrisse pas, elle déconsidère néanmoins. L'opinion publique la condamne assurément et, toutefois, sans excuser, parce qu'on ne peut excuser ce qui est une honte, elle ne frappe pas la coupable de la même réprobation, et du même mépris dont est couverte comme d'un vêtement d'opprobre la femme vicieuse.

Cette disposition des esprits à leur égard, qui ne doit pas être un encouragement à persévérer dans la voie de leurs erreurs, est au moins une consolation dans les remords qu'elles doivent éprouver, dans les amertumes dont elles peuvent être abreuvées, et enfin une sorte d'invitation bienveillante à sortir des routes de l'erreur, pour rentrer dans celles du devoir et de la vertu. Cette bonne volonté que leur ont méritée leurs combats et leurs chagrins, est encore une assurance que l'on accueillera avec bienveillance leur repentir et leur retour, qu'on leur rendra l'estime publique qu'elles ont perdue, et qu'on fermera sur le passé les portes du souvenir, pour ouvrir celles de l'oubli.

Cependant, il reste toujours une tache, une tache dont la trace ne peut s'effacer, semblable à celle que produit un acide sur un vêtement dont il enlève la couleur. La coupable lit dans tout regard qui rencontre le sien quelque chose de dédaigneuse-

ment ironique ; elle ne peut plus oser lever les
yeux, à chaque instant dans les conversations
qu'elle entend, soit qu'elle y prenne part ou non,
quelque mot, quelque phrase, même très involontairement de la part des interlocuteurs, vient lui
produire au cœur un effet analogue, quelquefois à
celui d'une aiguille rougie au feu qu'on y enfonce-
rait, d'autrefois, froid comme celui que causerait
une goutte d'eau glacée ; c'est la honte, c'est le châ-
timent.

Quant aux autres belles pécheresses,'j'ai le regret
de le leur dire, elles sont loin d'inspirer le plus
léger intérêt. Le public stygmatise leur conduite
comme étant un exemple permanent et funeste de
dissipation et de dérèglements.

On sait que pour celles-là, l'amour n'est point
une erreur, une faiblesse, mais un simple passe-
temps, une occupation qui remplisse l'existence de
plaisirs et de voluptés, qui aiguise les désirs émous-
sés, qui remplisse momentanément le cœur habi-
tuellement vide de tout sentiment, et ranime l'imagination qui s'atoniserait. Elles, l'amour les use,
les blase, mais il ne les brise pas. Flétries par le
jugement de la raison publique, elles n'en marchent pas moins le front haut, elles n'en courent
pas moins d'égarements en égarements, sans se

préoccuper de quoi que ce soit, ni de leur réputation perdue, ni du scandale qu'elles donnent, ni de leur famille, ni des conséquences de leur conduite. Elles ne voient qu'elles seules dans le monde ; elles n'aspirent qu'après les satisfactions qu'elles y peuvent trouver pour leurs passions ; elles ne voient rien en dehors de ce cercle que restreint leur égoïsme. Pour elles, toutes les jouissances, celles de l'amour, comme les autres, sont passagères et ne doivent attacher qu'autant de temps qu'elles plaisent ; quand on s'en fatigue, il faut les rejeter et en chercher d'autres. Je me souviens d'avoir entendu chanter, au temps où je sortais de ma première enfance, une chanson dont je n'ai retenu que le refrain ; je ne m'en rendais pas alors très bien compte, cependant il m'avait frappé, le voici :

> A Paris telle est la mode,
> Trois jours durent les amours,
> Qui s'envolent dans trois jours.

Si ces vers pouvaient s'appliquer à l'époque pour laquelle ils ont été faits, je crois qu'ils peuvent aussi très bien se rapporter au moment actuel.

Tout cela est pénible à penser, et plus encore à dire, mais c'est l'exposé vrai de la situation.

N'est-ce pas, en effet, un douloureux spectacle

que de voir ces formes gracieuses, pourtant, rouler,
glisser comme des fantômes, sortant le jour de leur
tombeau, et comme Diogène, moins sa lanterne,
pour aller chercher.... Dieu sait qui ! Toutefois, il
n'a pas seul·le secret de ces mystères, les cochers
de fiacre, ou même des particuliers le savent aussi.
Je me souviens d'avoir eu de curieuses révélations
à ce sujet, par un de ces derniers que j'avais occasion de voir à une administration de chemin de fer
où j'allais quelquefois, et où il était employé. Un
moment, j'eus envie d'écrire tout ce qu'il me ra-
contait et de le publier, j'aurais eu certainement un
grand succès de scandale, mais j'y renonçai, dans
la crainte que, quelque déguisés que fussent les
personnages mis en scène, ils ne pussent être reconnus, ce dont j'aurais été très peiné, car, j'éprou-
verais une vive désolation si je croyais avoir porté
atteinte à la réputation de qui que ce soit ; je m'abs-
tins donc, et j'oubliai complètement et les faits
précis et les noms qui y étaient attachés.

Si les cochers sont fort instruits des allures
amoureuses de ceux qu'ils servent, il y a encore
d'autres gens qui les connaissent aussi bien, et
même mieux, parce qu'ils ont des détails très minutieux ; ces gens, ce sont ceux de la police. Je l'ai
déjà fait remarquer plus haut à l'occasion d'un autre

ordre de faits érotiques, et je répète ma réflexion à
ce sujet : c'est que, si toutes les femmes qui ont des
intrigues savaient tout ce qui est connu par les agents
de la rue de Jérusalem de ce qui concerne leurs
amours, elles seraient stupéfaites en voyant que ce
qu'elles croyaient être un mystère, n'en est pas un.

Il est vrai que, parmi ces personnes qui ont ou-
blié leurs devoirs, et qui ont fait évaporer par les
flammes impures tout leur parfum de chasteté et de
pudeur, il en est quelques-unes que rien n'arrête-
rait désormais, leur conscience ne leur parle plus
du tout ; le soin de leur réputation ne les touche
plus. Ne sait-on pas, entre autres, le propos de l'une
des femmes les plus affichées de Paris, au sujet de
ses amants passés et futurs ? Il est trop connu pour
qu'il soit besoin de le reproduire, mais je rappor-
terai celui d'une dame de province, je ne dis pas
de laquelle, qui, après avoir mené ostensiblement
une vie fort désordonnée, disait, étant devenue
vieille, et cela devant plusieurs personnes, la
phrase cynique que je reproduis textuellement :
« Oui, j'en ai pas mal fait dans ma vie, mais je re-
« grette qu'il n'y en ait pas plus, car on n'en aurait
« pas parlé davantage. » Eh bien, malheureusement,
ces deux types du genre sont loin, très loin d'être
les seuls.

Doit-on s'étonner que les femmes frivoles par leur nature et par leur éducation, égoïstes par l'influence de l'esprit du siècle qui rejaillit sur le leur, arrivent, les unes graduellement, les autres de prime abord, à faire des fautes, et deviennent tout à fait vicieuses? Comment en pourrait-il être autrement quand elles sont livrées à l'étourdissement du tourbillon du monde, qui leur fait tout oublier, à ses enivrements qui les grisent. Quand l'amour vient les surprendre au milieu de cette agitation fiévreuse, quelles chances de triomphe n'a-t-il pas? Aussi il profite de ces avantages, et le succès lui vient presque toujours.

Entendez-vous murmurer dans un boudoir, ces phrases creuses, mais sonores, qui résonnent à l'oreille, comme une douce harmonie, donnent le vertige à l'imagination, et tombent sur le cœur, d'où elles agissent comme un philtre sur les fibres les plus sensibles. Ces discours, nous les avons lus vingt fois formulés différemment, mais toujours les mêmes au fond, dans tous les romans possibles; là, les novices faisant leur entrée dans le monde, les trouvent stéréotypés tout prêts et peuvent les apprendre par cœur, pour les réciter à l'occasion avec quelques variantes suivant la circonstance: Oh! les romans sont des livres instructifs! c'est

une école où l'on apprend des choses qui doivent
être utiles dans le cours de la vie. Les hommes s'y
forment à la stratégie pour attaquer savamment,
résolûment, la femme dont ils convoitent la conquête, et lui tenir les discours les plus propres à
l'émouvoir ; ces discours, les romanciers les appel-
lent, dans leur langage corrompu et corrupteur,
des harmonies mélodieuses de l'amour, des hymnes
sacrés et brûlants de la passion ; ils prétendent que
toutes les femmes désirent secrètement les ouir,
une fois au moins, avant de quitter la vie, dussent-
elles expirer pour les avoir entendus.

Je ne suis pas précisément de l'avis de ceux qui
avancent ce que je viens de dire, je crois que si ce
souhait est réellement formé, ce n'est pas généralement ; j'ai assez bonne opinion de la raison et de la
vertu des femmes pour garder ma manière de voir
à ce sujet. Non, je n'admets point que la passion
soit l'élément des femmes ; je veux bien croire que
l'impressionnabilité de leurs organes rend peut-être
plus facile leur entraînement sur ce torrent en ébullition, mais je ne pense pas qu'elles y soient plus
naturellement prédisposées que les hommes. En
vérité, nous nous faisons la part trop belle, en nous
attribuant une force, une puissance en nous-mêmes
que nous n'avons pas naturellement, et qui, lors-

que nous arrivons à les posséder, ne sont autre
chose que le résultat des calculs d'un froid égoïsme,
ou celui de l'atonie d'un cœur blasé qui, assurément, ne font pas honneur à celui qui les professe,
à moins pourtant que cette force, cette puissance
ne procède d'un sentiment religieux. Si donc la
nature a doué notre sexe d'une certaine supériorité
sur quelques points, ce n'est pas sur celui-là.

En conséquence, je pense que le souhait dont j'ai
parlé tout à l'heure ne peut être formé que par des
femmes exaltées, et dont la vertu n'est pas très
solide; elles ont lu et relu toutes les situations
qu'amène l'amour dans tous les romans; elles se
sont monté la tête là-dessus; elles ont fait et refait
cent fois dans leur imagination des positions analogues; elles se sont mises en esprit en présence de
circonstances qu'elles créaient; elles se sont prépa-
rées à la mise en scène d'un petit roman dont elles
se voyaient les héroïnes; elles ont formulé le dialogue entre elles et celui dont elles faisaient leur
idéal; elles ont calculé d'avance jusqu'à leurs sou-
rires, à leur effroi plus ou moins bien exprimé, à
leur résistance pas assez énergique pour décon-
certer l'attaque, pas assez faible pour rendre la dé-
faite trop facile; enfin, elles ont vu des yeux de leur
imagination tout ce qui peut constituer une chute

faite dans des conditions convenables et selon les règles d'une bonne stratégie.

Voilà les femmes qui peuvent désirer d'entendre ces propos passionnés, et non pas celles qui, par leurs principes, par leur éducation morale et religieuse ne sont pas dans de semblables conditions; elles peuvent, dans un moment de défaillance, les écouter avec un certain plaisir, une vive émotion, mais elles ne les ont jamais souhaités.

Sortons donc des choses de convention et reconnaissons que, dans la réalité, quand la passion, quand l'amour règnent en tyrans, en dominateurs impérieux, que l'on soit homme, que l'on soit femme, on subit son empire avec les mêmes entraînements, les mêmes excès, les mêmes folies : tous les jours, l'expérience de ce qui se passe sous nos yeux vient confirmer cette opinion.

Ainsi, d'un côté, nous voyons des hommes, oublieux de tous leurs plus chers intérêts, faire d'incroyables sacrifices pour satisfaire au luxe, aux caprices de femmes dont ils ont fait leurs maîtresses. Rien ne leur coûte, rien n'est épargné, et ce qu'on ne donnerait dans son intérieur qu'avec une extrême parcimonie et les calculs d'une sage administration de sa fortune, est prodigué sans examen, sans réflexion à l'amour illégitime. On va, on va toujours sans compter, et un jour arrive la ruine, ou pour le moins une énorme brèche à l'édifice de la fortune.

Voilà comment la force masculine sait déployer sa puissance.

S'agit-il d'un amour dont une femme du monde est l'objet : là encore nous ne sommes pas plus forts ; nous nous laissons entraîner à une foule d'actions déraisonnables, extravagantes même, d'un autre genre, il est vrai, mais qui n'en sont pas moins étonnantes.

Si, d'un autre côté, nous considérons la conduite des femmes dans des circonstances analogues, eh ! mon Dieu, c'est la même chose, elles n'ont pas en main la disposition de la fortune, pour l'engager ou l'aliéner, mais elles ont leurs parures dont elles se défont en les remplaçant par des pierres fausses. Balzac, dans un de ses romans, met sous les yeux de ses lecteurs une scène caractéristique et vraie dans ce genre ; il la fait se passer chez un usurier qu'il nomme le père Gobseck. Outre ce moyen, les femmes s'ingénient encore de bien d'autres pour se procurer de l'argent à jeter dans ce gouffre immonde, car toutes n'ont pas des parures de grande valeur, et même pour celles qui en possèdent, cette ressource a une fin, et alors elles se trouvent dans la nécessité impérieuse de recourir à de nouveaux expédients analogues, ni moins coupables, ni moins sévèrement qualifiables. Avec tout cela, hélas! on satisfait aux exigences, aux besoins de luxe, d'hommes aux sentiments ignobles se trouvant dans le cas de celui de la scène décrite par le romancier observateur que j'ai nommé. Il est pénible d'être obligé de reconnaître que l'on voit des faits de cette nature se produire à tous les degrés de l'échelle sociale,

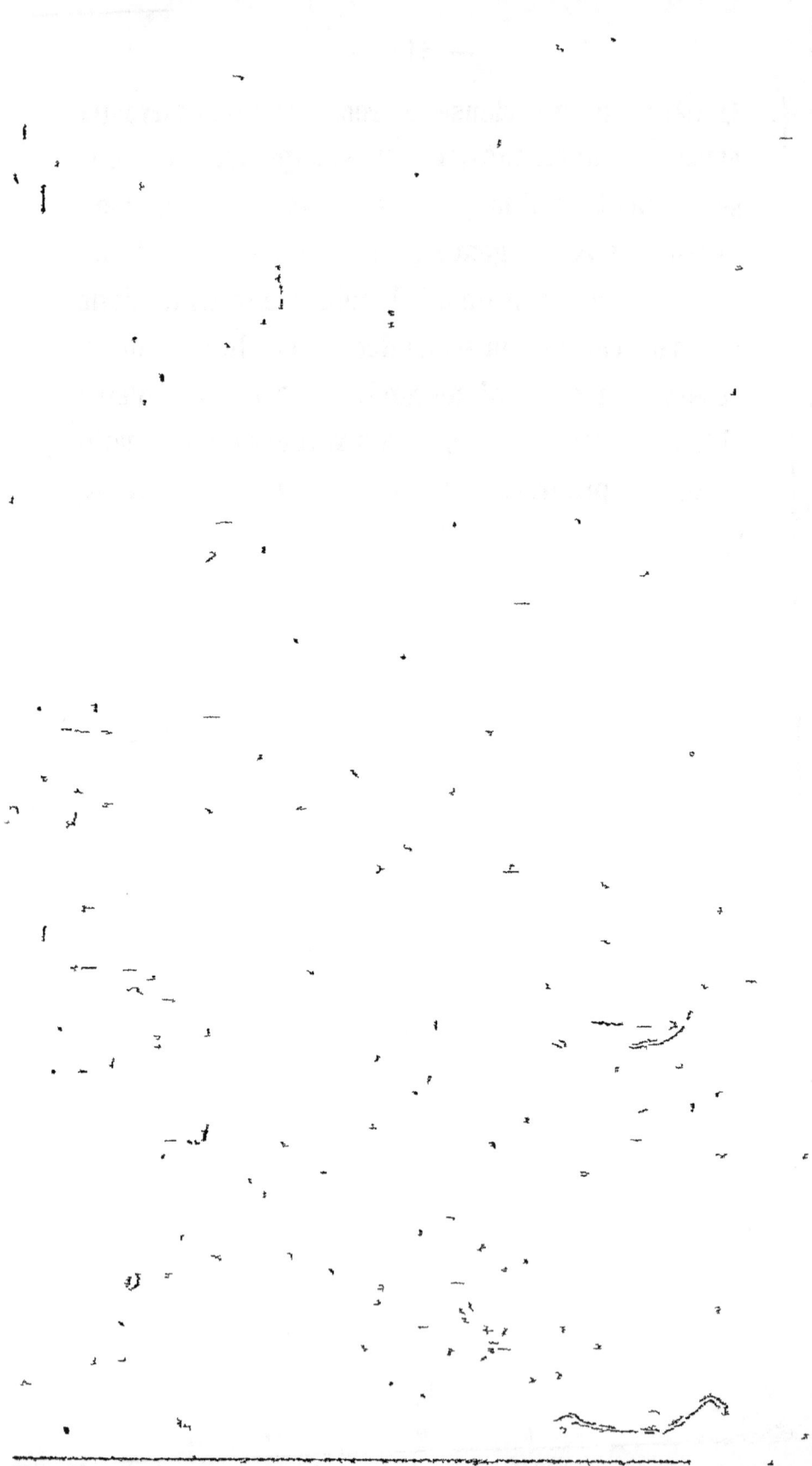

III

L'AMOUR

Mariage et Divorce.

> Le mariage est le lien des familles, de la société, de l'État, le divorce les désagrège.

J'ai dit, dans le chapitre précédent, que l'amour est, par son essence, l'instinct naturel tendant aux voluptés, et un besoin du cœur de s'assimiler un cœur, en sorte qu'ainsi, il parle aux sens et au sentiment; déréglé, il surexcite les premiers, et enfante tous les égarements que nous avons signalés ; régulier, il a pour but le mariage. Eh bien ! abstraction faite, quant à présent, du point de vue religieux, ce mariage est, comme le dit M. de Bonald, un acte sanctionné et garanti par l'autorité publique, c'est l'engagement que prennent deux personnes de sexes différents de s'unir et de former une famille, une société domestique. Cette appréciation du grand

7.

écrivain est très juste; or, cet intérieur ainsi consti-
tué, c'est l'État en petit, c'est leur agglomération
qui, cimentée par les lois, les règlements, les insti-
tutions, forme les nations. La famille est donc la
base de l'édifice social, l'élément qui sert à sa cons-
titution; comment donc prétendrait-on disjoindre
les matériaux dont se compose cet édifice, sans porter atteinte à sa solidité?

Cependant, en rétablissant le divorce que la révo-
lution du siècle dernier avait exhumé de la législation de l'ancienne Rome, dont elle s'était inspirée,
on arriverait à la dislocation de la famille. Pour
s'en convaincre, il suffit de se demander ce qu'elle
est. N'est-ce pas l'union du père et de la mère,
ayant autour d'eux leurs enfants? Or, si vous sépa-
rez les deux chefs de cette société, en leur donnant
la faculté d'en former une autre, que deviendront
ses membres, surtout si cette séparation se produit
plusieurs fois? Auquel des deux époux incombera
le soin de l'éducation, de l'entretien des jeunes
êtres qui sont nés d'eux? On me répondra qu'en ce
cas la loi y pourvoirait, comme dans celui des sépa-
rations de corps, et moi je ferai remarquer que la
situation n'est pas la même; en effet, dans ce cas,
les conjoints, une fois séparés légalement, ne peuvent pas contracter une autre union, rien ne fait

obstacle à ce que celui des époux chargé des enfants s'en puisse occuper; avec le divorce, la position est tout à fait autre, et cela se comprend très aisément sans qu'il soit besoin d'entrer dans des détails pour le démontrer.

D'un autre côté, la question ne se complique-t-elle pas encore, si l'un ou l'autre des époux, ou même un seul, venant à se marier plusieurs fois, il y a des enfants de chacune de ses unions? Nécessairement, il résulterait d'un semblable état de choses un tel enchevêtrement d'intérêts, que ce serait un véritable dédale duquel on ne pourrait pas se tirer. Comment sortir de ce labyrinthe, quand il s'agirait de faire la part de chacun des enfants issus de ces divers mariages? Assurément, il y aurait là d'insurmontables difficultés.

La famille est une société actuelle établissant des rapports, des intérêts qui lient les parents à ceux auxquels ils donnent le jour. On a dit, avec raison, à ce sujet, que tout, dans l'union des époux, se rapportant aux enfants, ceux-ci ne se peuvent séparer sans que ceux-là aient à en souffrir, c'est donc une injustice que leur font leurs auteurs, en profitant du divorce, en jetant par ce fait la perturbation dans leurs intérêts, et l'État ne peut, par une loi, favoriser cet abus de la force contre celui qui ne s'en peut défendre, ce serait une énorme iniquité.

Je sais bien qu'on invoque contre l'indissolubilité du mariage, des raisons tirées d'un autre ordre d'idées, et qui paraissent devoir être prises en considération. On fait observer que cette situation lie quelquefois l'un à l'autre deux êtres que leur union rend très malheureux. Supposez, dit-on, que les époux soient d'humeur complètement incompatible, ou bien quel'un d'eux soit acariâtre et insupportable en tous points; ou encore, ce qui est plus grave, que l'un d'eux donne à l'autre, par ses infidélités conjugales plus ou moins connues, très connues, si l'on veut, des sujets de peine, de chagrins continuels, ou bien, ce qui serait plus affreux, que l'un des deux fût condamné, pour quelque crime à une peine infamante: voilà deux êtres indissolublement liés l'un à l'autre, forcés à traîner ainsi une existence de chagrins incessants, et, elle peut être longue! N'y a-t-il pas là quelque chose de contraire à la raison, à l'équité, à la nature? Je répondrai, pour la nature c'est possible, pour la raison et l'équité, non, parce que le divorce est le dissolvant des liens de famille qu'il détruit, le renversement de son homogénéité qu'il bouleverse; c'est cruel, j'en conviens, mais la famille étant ainsi, que nous l'avons déjà dit, la base de l'État, mieux vaut que deux individus souffrent que de porter atteinte à l'assiette de la société en y introduisant un principe de dissolution.

Ainsi, voici la question du divorce esquissée au point de vue économique et social, examinons-la maintenant, non moins succinctement, sous son aspect religieux et moral. Là, le champ s'élargit, que de choses s'offrent à l'esprit! Essayons d'en faire ressortir quelques-unes, celles qui semblent les plus saillantes.

J'ai dit que l'amour est l'attraction naturelle des deux sexes l'un vers l'autre, laquelle conduit au mariage. C'est là son but originel et divin; c'est pour cette fin que l'étincelle de sa flamme a été mise au fond de nos cœurs; mais il arrive que l'imagination pousse en dehors de cette voie. Je ne parlerai de ses écarts qu'en ce qui concerne ceux qui se produisent contre l'union conjugale, c'est-à-dire de l'adultère.

L'amour est fantasque, j'en suis déjà convenu; il se complaît à défaire ce qu'il a fait; il se réjouit de troubler les cœurs, pour les jeter dans les voies les plus égarées, quand on ne sait pas se défendre de ses suggestions, combattre et repousser ses atteintes, fermer son cœur et son esprit aux entraînements de la passion qu'il présente sous les plus séduisantes images. Aussi, combien voit-on de ménages dans lesquels l'adultère s'établit et prend domicile, et cela surtout à Paris, cette ville toute vouée aux plaisirs; car, ainsi que je l'ai déjà fait remarquer ailleurs, la province, si ce n'est dans les grandes villes, n'est point aussi démoralisée que l'est la capitale. Eh! bien, c'est le divorce que l'on propose comme remède à ce mal, à cette sorte de fureur.

Ainsi, après avoir fait un tableau aussi dégoûtant que malheureusement vrai de tout ce qui se passe de nos jours, après avoir accumulé, en les groupant, une foule de faits scandaleux, on ose s'écrier que la loi Naquet est fatalement nécessaire, puisque son but serait de légitimer, ou du moins de faciliter des faits qui se produisent tous les jours, mais qui ne se peuvent accomplir qu'en outrageant la loi existante. Je copie textuellement les expressions d'un livre que j'ai sous les yeux et dans lequel cette question est traitée.

En vérité, mais les partisans du divorce, qui apportent de semblables raisons en sa faveur prononcent eux-mêmes sa condamnation. Quelle loi ignoble et sauvage que celle qui serait destinée à légitimer et à faciliter le vice et le dévergondage!

On allègue encore, en faveur de la thèse qui nous

occupe, que les modifications apportées dans nos
mœurs militent pour son triomphe, pour l'adoption
des lois harmonisées avec elles.

Comment voulez-vous, dit-on, que l'élan donné
aujourd'hui aux esprits vers l'amour libre, se puisse
concilier avec l'indissolubité du lien conjugal ?
Ne voyez-vous pas que tout concourt à son abolition ?
Comment voulez-vous que les esprits ainsi volatilisés se prêtent à s'enfermer dans le cercle de la vie
intime, qu'ils se plient à la discipline sévère de la
fidélité ?

Autrefois, l'homme voyait dans son épouse une
compagne constante et dévouée de son existence, la
mère de ses enfants, le guide de leurs premiers pas
dans la vie, l'inspiratrice de leurs premières aspirations, l'ange, en un mot, du foyer domestique ;
il l'estimait et il l'aimait. La femme, de son côté,
envisageait son époux comme son chef affectueux,
le père de la famille qui grandissait autour d'elle,
son conseil et son appui en toutes circonstances ;
elle l'aimait et le respectait. Aujourd'hui, tout est
changé, les sentiments ne peuvent plus être les
mêmes, l'attachement réciproque existant jadis
s'est transformé en une sorte d'impulsion mécanique qu'impriment parfois les sens ou l'imagination,
et dans laquelle le cœur n'intervient en rien, sou-

vent même cette impulsion sensuelle n'existe pas,
il n'y a qu'un froid calcul d'intérêt.

Et comment les choses pourraient-elles marcher
autrement qu'elles ne le font, quand un mouvement
matériel, je dirais même brutal, envahit toute la
société à notre époque, et que tout semble con-
courir à lui donner l'essor.

En vain, dans l'éducation donnée à la jeunesse,
les gens sensés s'efforcent de rectifier cette fatale
disposition : leurs efforts restent stériles ; les bons
principes qu'ils cherchent à inculquer dans les esprits et les cœurs sont volatilisés par une foule de
moyens dissolvants, dont dispose la démoralisation,
et s'il en reste quelques parcelles, elles sont annihi-
lées par l'action des milieux dans lesquels on se
trouve : on dirait qu'un génie malfaisant aurait
répandu des miasmes dans notre atmosphère en les
vaporisant pour nous les faire respirer avec l'air
qui nous fait vivre, on les parfume, on leur donne
une senteur qui flatte et qui enivre, afin de dissimuler leur odeur nauséabonde : ainsi préparés,
tous, jeunes et vieux, les aspirent avec satisfaction.
La génération qui s'en va perd la notion des maximes
du passé, et celle qui gravite à sa suite pour la remplacer sur la scène du monde, reçoit avec bonheur
les enseignements de l'école moderne.

Les arts, par des exhibitions palpitantes de volupté; la littérature, par le théâtre, les romans, où tout légitime la passion et surexcite les imaginations; enfin la nudité provocante qui s'étale impudemment dans le monde aux yeux de tous, sans que la bienséance en soit en rien offensée; tout concourt à la perversion des mœurs. Comment, du milieu d'une semblable situation, ne verrait-on pas surgir l'adultère et tous les désordres qui en sont la conséquence, et se produisent chaque jour sous nos yeux : tout cela, prétend-on, rend nécessaire la dissolubilité du mariage.

N'est-il pas vrai, ajoute-t-on, que les époux ne considèrent plus leurs infidélités comme des faits qui doivent les blesser, mais que seulement, par un reste d'égards, qu'ils pensent se devoir l'un à l'autre, il faut réciproquement se dissimuler? N'est-il pas vrai qu'il existe un assez bon nombre de ménages où, des deux côtés, on ferme les yeux sur les agissements de son conjoint, encore bien qu'on ne les ignore pas? N'est-il pas vrai que, ce qui est encore plus odieux et plus ignoble, il y a des femmes qui donnent une maitresse à leur mari, et des maris un amant à leur femme, afin d'excuser leur conduite désordonnée et d'avoir ainsi leur liberté d'action? Hélas! ce n'est que trop réel, et, à Paris surtout, on en voit un grand nombre d'exemples. Le divorce est donc devenu indispensable.

Au surplus, concluent les partisans du divorce, c'est une erreur surannée que de considérer la fidélité conjugale comme un devoir rigoureux, cela peut être envisagé ainsi dans les sociétés primitives, mais non dans celles qui sont parvenues à l'apogée de la civilisation, le changement d'amour est inné au cœur humain, il est dans la nature.

Assurément, répondrai-je à ce dernier argument, l'amour multiple est dans la nature, mais pour le règne animal (l'âne, le cheval, le chien, le porc, etc.) qui, n'étant pas doués de raison, ne sont soumis à aucune loi morale ; mais il n'en peut être ainsi pour le règne social (l'homme), dans l'âme duquel ces lois existent naturellement, chez lequel, dans l'attraction des deux sexes, le sentiment parle autant que les sens, excepté pour les natures profondément vicieuses et dégradées qui n'ont plus que des sensations brutales et ne ressentent plus les joies du cœur, les ivresses de l'imagination, il ne s'agit plus, alors, que du mouvement instinctif de la brute recherchant sa congénère : on peut dire cependant que, parmi quelques animaux plus délicats que les autres, l'hirondelle, par exemple, la constance existe et se pratique invariablement.

Maintenant, dans notre siècle égoïste, la loi qui nous occupe n'est tout simplement que la manifestation d'une tendance à l'émancipation de la femme, c'est-à-dire à un ordre de choses qui lui donnât la liberté d'action la plus complète, sans aucune espèce de retenue; elle passerait de main en main comme la fiancée du roi de Garbe : c'est à ce résultat que nous conduirait rapidement l'institution du divorce. Le P. Ventura qualifie cette situation d'une manière très pittoresque et avec une grande justesse d'appréciation : il dit que le divorce est l'amovibilité de la femme dans la société domestique. De Bonald l'appelle la consécration de l'adultère. J'ajouterai que c'est la prostitution légitimée par la loi. C'est l'esprit païen qui renaît; c'est le culte de la chair que l'on veut inaugurer; c'est Astarté des Phéniciens; c'est Vénus des Grecs et des Romains, avec des Phrynés pour prêtresses, dont on veut relever les autels; ce sont les mœurs de la décadence romaine que l'on veut ramener. On veut nous faire revenir au temps où cette société pourrie et l'empire se plongeaient en un lac infect de débauches, dans lequel ils se sont engloutis. Qu'on lise ce qu'ont écrit sur cette épouvantable démoralisation, Juvénal le poète, Tacite l'historien et autres, on pourra se faire une idée du point où l'on voudrait arriver.

A cette époque de dévergondage audacieux, éhonté, cynique, poussé à ses excès extrêmes, le divorce, qui avait été jusque-là très rare, passa en quelque sorte à l'état normal de la société ; le mariage ne fut plus qu'une affaire transitoire livrée aux caprices ou aux calculs de l'intérêt. On contractait une union, on la rompait quand elle ne plaisait plus ou qu'on pensait y avoir un avantage quelconque, et on en reformait une autre pour y renoncer avec la même facilité. Les hautes classes donnaient l'exemple, il se propageait à tous les degrés de l'échelle ; on citait, comme un phénomène, une femme qui n'avait eu qu'un mari. Juvénal, dont j'ai parlé, exerçait sa verve mordante au sujet de ces mutations d'époux, il signalait les femmes qui s'étaient contentées de changer huit fois de maris en cinq ans ; saint Jérôme va plus loin, il parle d'une matrone qui n'en avait pas eu moins de vingt-deux. Voilà où nous irions avec la loi qui fait l'objet de ce chapitre.

C'est sans doute à raison de toutes les considérations qui s'offrent naturellement à tous les bons esprits, et ils sont nombreux, que le divorce, ainsi que le remarque Taxile Dulord, n'est jamais entré dans nos mœurs, lorsqu'il était autorisé par la loi ; j'en citerai une qui se présente *à priori* à l'esprit le moins réfléchi : la femme n'ayant formé qu'un lien transitoire et dissoluble à volonté, ayant le droit d'en contracter autant que bon lui semblerait, aurait, par voie de conséquence, celui de recevoir la cour de ceux qui pourraient désirer la posséder et, cela sous les yeux mêmes de son mari, ne pouvant ni s'opposer à ces prévenances, ni s'en offenser ; c'est le droit résultant de celui du divorce : or, quel rôle aurait à jouer le mari dans ce cas? Quelle absurde et ridicule situation serait la sienne ! et, si ces assuidés n'étaient qu'un prétexte pour couvrir une liaison très intime qu'on pourrait prolonger tant qu'on voudrait? Quelle immoralité ! En vérité, il faut que les partisans du divorce soient bien aveugles s'ils ne voient pas tout cela, et bien d'autres situations encore, non moins ridicules ou dégoûtantes, qui sont la suite naturelle et indispensable du divorce.

Jusqu'ici je n'ai écrit qu'au point de vue purement humain ; si je viens à envisager le côté religieux de la question, je vois que les lois canoniques s'opposent formellement à ce que le divorce puisse avoir lieu. L'Eglise a pu quelquefois dissoudre des mariages, mais ce n'a jamais été autrement que pour cause de nullité, parce qu'ils avaient été contractés sans que fût révélé, (soit volontairement, soit involontairement, un empêchement dirimant qui existait. Les paroles du divin fondateur de la religion chrétienne sont trop formelles pour être interprétées autrement que dans le sens précisément absolu. Nous voyons dans l'Evangile que les apôtres ayant posé à N.-S. Jésus-Christ la question de savoir si l'on pouvait disjoindre des époux, il leur répondit formellement : *Non, nul ne peut désunir ce que Dieu a uni.*

Voilà qui est précis et qui ne laisse aucun doute ; voilà ce à quoi nous devons nous tenir.

L'Eglise peut changer ou modifier les lois qu'elle a faites pour sa discipline, mais lorsqu'il s'agit d'un dogme, aucun pouvoir, pas même celui du Souverain Pontife, n'a le droit d'y porter atteinte, c'est là l'arche sainte du Christianisme, nul n'y peut poser une main sacrilège.

Je me résume, et je dis qu'au point de vue social, le divorce ne peut être admis par notre législation, à raison de la perturbation qui en résulterait pour les intérêts et la paix des familles ; qu'en le considérant sous son aspect religieux, ce que nous lisons dans l'Evangile à son sujet le condamne d'une manière trop précise, trop absolue pour qu'il soit possible de songer à l'édicter comme loi dans notre code.

Comme on le voit, je me suis borné, ainsi que je l'avais annoncé en commençant ce chapitre, aux points les plus saillants concernant le divorce : ils me paraissent bien suffisants pour démontrer combien son rétablissement serait dangereux et funeste pour la société. Je m'arrête donc ici.

Ainsi, dans ces trois premiers chapitres où je me suis proposé de discourir sur l'amour humain, je crois avoir dit tout ce qui est le plus essentiel ; je l'ai représenté pur et chaste d'abord, ensuite dépravé, sordide même ou désordonné, puis, arrivant de degré en degré, jusqu'à vouloir sanctionner l'adultère par une loi instituant le divorce ; cependant il me semble entendre quelque chose de confus dans moi, qui réclamerait plus d'extension, d'autres détails, d'autres réflexions ; j'ai beau me creuser la tête, il ne s'en présente pas à mon esprit ; je me trouve donc à ce sujet dans la situation d'une personne qui cherche un mot, un nom, un souvenir ; on le sent, on l'entrevoit, et on ne peut débrouiller le nuage qui le cache. Je termine donc ; toutefois, ce ne sera pas sans m'excuser pour le cas où, par hasard, il me serait échappé quelques images, quelques expressions qui pourraient choquer de pudiques susceptibilités, ce sont des lapsus mentis ou calami, dont j'espère qu'on voudra bien m'absoudre.

Au surplus, de même que Monsieur Jourdain
faisait de la prose sans le savoir, je crois que j'ai
fait de la chronique sans m'en douter. Villehardoin, Joinville, Froissard ont retracé les mœurs de
leur époque et personne n'a jamais songé à le leur
reprocher ; au contraire, on les cite à chaque instant, on conserve leurs manuscrits dans nos bibliothèques, et, malgré le très vif coloris que l'expression peu gazée donne à leurs récits, on les indique,
même dans les écoles les plus cléricales, aux jeunes
élèves qui y reçoivent l'enseignement, afin qu'ils
puissent aller compléter ce dont on ne leur donne
que des extraits dans leurs cours ; extraits qui, s'ils
négligent les détails, entrent dans le fond, quel qu'il
soit, remarquons-le bien. Remarquons aussi que
tous les livres de morale entrent dans les plus minutieuses explications, bien plus loin encore que je
ne l'ai fait. Cependant, ils sont lus par tout le
monde ; ils sont recommandés ; on les trouve dans
toutes les bibliothèques ; ils passent sous les yeux
des âmes les plus timorées. Allez, allez donc, vous
tous qui avez si acrimonieusement déversé votre...
blâme sur mon œuvre, allez, je vous renvoie à l'appréciation de la haute intelligence du père Didon.
Moi, je me réfugie contre vos traits vénéneux, sous
l'égide de la parole du grand orateur chrétien tom-

bant du haut de la chaire, je me place encore avec confiance sous la sauvegarde de tous les lecteurs sensés, qui ont le cœur et l'esprit droits et la conscience sûre et éclairée.

Maintenant, arrivons à la quatrième partie du travail que je me suis proposé de faire ; elle y viendra comme une sorte de digression, de diversion ressortant, toutefois, du sujet même, elle en est une douce expansion, une des diverses manifestations ; les inspirations de l'amour contenues dans de chastes limites, les chants qui les traduisent peuvent être comparés à un bouquet de fleurs délicates cueillies parmi celles d'un jardin enchanteur.

D'ailleurs, je pense qu'à la suite d'une sévère censure de mœurs, il est bon de donner quelque chose d'agréable qui en tempère l'austérité, empêche l'esprit de se soulever contre elle et la fasse accepter : c'est ainsi qu'après une boisson amère, on se met dans la bouche quelque sucrerie qui en ôte la saveur sans en empêcher l'effet.

IV

L'AMOUR

Effluves Psychologiques.

> L'essence de rose est la partie la plus
> éthérée de son parfum que l'art en ex-
> trait en lui donnant un corps.

Après avoir parlé de l'amour dans les chapitres
précédents où je l'ai considéré sous le rapport de
l'anthropologie, de la physiologie, de la psychologie
et de la morale, je me propose de le montrer sous
ses aspects mystiques; mais, avant d'entrer en matière dans cet ordre d'idées, je ne pense pas qu'on
puisse me blâmer de vouloir traiter encore ce sujet
sous une forme humaine, celle des impressions,
des aspirations que produit dans ses pures effusions
la tendre et vive affection qui entraîne les deux
sexes l'un vers l'autre par sa puissante attraction.
Aussi cela ne me paraît pas un hors-d'œuvre déplacé,
même après les réflexions et les traits sérieux et

critiques qui ressortent des chapitres précédents,
et avant les considérations d'un ordre si élevé de
celui qui suivra, car, tout ce qui découle de ces
effets du sentiment sur le cœur et sur l'esprit en
fait nécessairement partie; c'est un mets exquis, une
sorte d'ambroisie dont se nourrit le premier, une
émanation balsamique pleine de charmes qui enivre
le second.

En raisonnant ainsi, je me suis dit que, l'amour
étant comparé à une rose qui répand un parfum
enchanteur, de même qu'en opérant sur cette reine
des fleurs avec l'alambic on condense son arome, je
pourrais faire quelque chose d'analogue dans l'ordre
intellectuel à ce qui s'opère dans l'ordre physique
et condenser aussi en une poésie, *triade harmonique
du cœur*, ces émanations balsamiques dont j'ai parlé
plus haut.

Horace a dit dans son art poétique :

*Omne tulit punctum, qui miscuit utile-dulci
Lectorem delectando, pariterque monendo.*

Je crois que le poète latin, l'une des illustrations
du grand siècle d'Auguste, a raison, et j'aime beaucoup son précepte dont je fais l'application toutes
les fois que l'occasion s'en présente.

Dans ces poésies, j'ai recueilli quelques douces

effluves psychologiques, comme on renferme des odeurs suaves sous la soie d'un sachet ; j'ai surtout fait tous mes efforts pour ne leur rien faire perdre de leur parfum pudique.

Mon intention est de délasser, dans ces quelques pages, l'esprit du lecteur, peut-être fatigué d'une longue attention donnée aux diverses considérations et critiques que j'ai fait passer sous ses yeux, mais non pas de les lui faire oublier : c'est une idée semblable, je pense, qu'expriment les vers d'Horace si connus que j'ai cités, c'est pourquoi je place ces poésies sous leur patronage.

TRIADE HARMONIQUE DU CŒUR

PRÉLUDE

L'Imagination

Où vas-tu, leste voyageuse,
Sur ton char porté par les vents,
Et dans ta course aventureuse —
Roulant sur tous les éléments?
De ta chevelure ondulante,
L'air fait flotter les longs anneaux,
Et ta poitrine haletante
Précipite ses soubresauts.

Où vas-tu sur ton char de flammes,
Avec tes coursiers indomptés,
A ta suite entraînant les âmes,
Les cœurs, les esprits emportés?
Tu les élèves dans l'espace,
Leur faisant traverser les cieux,
Et du globe et de sa surface
Tu leur fais courir tous les lieux.

Où vas-tu tantôt en désordre
Laissant tes voiles au zéphyr
S'envoler, s'allonger, se tordre,
Et tes charmes se découvrir ;
Tantôt de ta fièvre électrique
L'accès plus calme devenu,
Ramenant le voile pudique
Sur ton corps qui se trouvait nu ?

Où vas-tu de mille caprices
Jetant les germes sur tes pas,
Faire éclore sous tes auspices
Les plus étonnants résultats?
Je te vois rieuse ou sévère,
Et sage ou folle tour à tour,
Proclamer la morale austère,
Ou les voluptés de l'amour.

Où vas-tu, qui pourrait le dire,
Répondre à cette question ?
Où vas-tu, reine du délire,
O ! folle imagination ?
Vagabonde magicienne,
Tu nous montres par ton pouvoir,
Sous une forme aérienne
Les objets que tu nous fais voir.

Où vas-tu, toi sœur du génie,
Reine trônant avec ce roi?
Ton souffle c'est la poésie
Qui ne peut exister sans toi ;

Son auréole lumineuse,
Sur ton front c'est toi qui la mets,
A ta baguette merveilleuse
Elle doit ses plus vifs reflets.

Où vas-tu, sans craindre l'outrage
Des hivers qui font tressaillir,
Des coups du sort, ni de l'orage,
Ni des ans qui nous font vieillir?
Toujours, divine enchanteresse,
A tout, quand même, tu survis ;
Ton inaltérable jeunesse
Brille encor parmi des débris.

Où vas-tu? ma plume s'arrête,
Pourquoi donc te questionner?
Vole de conquête en conquête,
Je ne puis qu'ambitionner
Un regard, ô puissante reine,
Un seul regard inspirateur ;
Salut, brillante souveraine,
Je suis ton humble serviteur.

1er TERME

Un soupir

Si les yeux ont dans leur mirage
Tant d'éloquence quelquefois,
Si leur vif et tendre langage
Est une si puissante voix,
Un soupir de l'âme oppressée
Exprime plaisir ou langueur :
Un soupir dit une pensée,
Un soupir traduit le bonheur.

Il rend de même l'allégresse
Ou le malheur au rêve noir,
Souvenirs, regrets ou tendresse,
Ou l'éclair brillant de l'espoir ;
C'est un aveu, flamme élancée
Du fond des abîmes du cœur,
Un soupir dit une pensée,
Un soupir traduit le bonheur.

Et ce doux ou triste interprète
De toutes nos impressions,
Parfois de notre âme inquiète
Exhalant les émotions,

Ainsi que la flamme élancée
Est d'un volcan l'indicateur :
Un soupir dit une pensée,
Un soupir dévoile le cœur.

C'est en vain que l'âme absorbée
S'enveloppe dans ses replis;
Elle laisse à la dérobée
De ses secrets ensevelis,
Éclater la flamme élancée
Comme un éclair révélateur :
Un soupir dit une pensée,
Un soupir dévoile le cœur.

Auprès de toi lorsque je cause
D'un sujet, même indifférent,
Et qu'à tous les regards je pose,
Drapé dans un calme apparent,
Ma phrase est souvent traversée
Par le langage du bonheur :
Un soupir qui dit ma pensée,
Un soupir dévoilant mon cœur.

Et de loin, quand vers toi voyage
Mon esprit qui toujours te voit,
Je parle encore dans ce langage
Qu'à peine l'oreille perçoit;
C'est un soupir, flamme élancée
Du fond des abîmes du cœur,

Il exprime mainte pensée,
Il traduit l'espoir du bonheur.

O ! vaporeuse fille d'Ève,
Qui m'apparais, être charmant,
Qui m'énchantes quand je te rêve,
Qui m'attires comme un aimant,
Mon messagèr, flamme élancée,
Vers toi s'envole avec bonheur :
C'est un soupir, c'est ma pensée
Que traduit cette voix du cœur.

2ᵉ TERME

Parle-moi

Parle-moi de ta voix suave
Le timbre est tant harmonieux !
Qu'elle soit enjouée ou grave
Elle a charme mystérieux,
On dirait la harpe lointaine
Que touche le doigt des amours,
De mon cœur, belle souveraine,
Parle-moi, parle-moi toujours,

Parle-moi, ta douce parole,
Délicieusement saisit

Mon âme enivrée, elle affole,
Elle captive mon esprit,
Et sur mon cœur, fraîche rosée,
Goutte à goutte elle vient perler,
Comme aux fleurs par l'aube est posée
Celle qu'elle sait distiller.

Parle-moi, ta voix me pénètre
D'un trouble qui fait mon bonheur.
Sur les fibres de tout mon être
Elle verse un filtre enchanteur ;
C'est quelque chose d'impossible
A rendre, même analyser,
C'est je ne sais quoi d'indicible
Que rien ne peut symboliser.

Parle-moi, pour t'écouter dire,
Je respire à peine aussitôt,
J'ai peur de n'y pouvoir suffire,
Et qu'il m'en échappe un seul mot ;
Dans mes regards s'épanouissent
En gerbes mille atômes bleus.
En s'y formant ils m'éblouissent,
Je te vois seule au milieu d'eux.

Parle-moi, tes accents entr'ouvent
Des horizons indéfinis,
A mes pensers qui les découvrent ;
Là tous les bonheurs sont unis.
Sous ce charme, dans ces voyages,
Je vais aux doux sons de ta voix,

9

Vers de ravissants paysages
Qu'esquisse mon esprit cent fois.

Parle-moi, t'ouïr c'est ma vie,
A tes lèvres que tu suspends,
Attentif, mon âme ravie
Boit les mots que de toi j'entends ;
C'est une soif qui me dévore,
Mes pensers te sont dévolus,
Je t'écoute, j'écoute encore,
Quand même tu ne parles plus.

3e TERME

Si j'étais

Si j'étais l'océan qui chante
En roulant, calme, ses flots bleus,
Que l'éclat du jour diamante
Des étincelles de ses feux,
Je dirais ton nom aux rivages,
Aux algues couvrant les rochers,
A la tour gardienne des plages,
Aux ports refuges des nochers.

Si j'étais le soleil qui brille,
Inondant l'éther de clartés,

La lune pâle qui scintille
Sur les flots par elle argentès,
En traits lumineux dans l'espace
J'écrirais un poème entier,
Pour chanter ta beauté, ta grâce,
Dans l'univers les publier.

Si j'étais la blanche nuée
Qui prend mille aspects en courant,
Que l'on croirait être une fée
A son gré se transfigurant.
Je choisirais forme durable,
Forme charmante, et ce serait
La tienne, sylphide adorable,
Qui là-haut se retracerait.

Si j'étais l'oiseau qui module
De si flexibles chants d'amour,
Qui les commence au crépuscule
Et les finit au point du jour.
Je quitterais, ma belle amie,
Pour toi le feuillage des bois,
Et je te voudrais endormie
Aux sons caressants de ma voix.

Si j'étais le roi qui commande
Aux peuples ses nombreux sujets,
Je te rendrais puissante et grande
Bien au delà de tes souhaits;
Je te voudrais, comme moi-même,
Au-dessus des autres humains,

Portant aussi le diadême
Qu'on voit au front des souverains,

Si j'étais l'ange enfin qui veille
Auprès de toi pour te garder,
Tes moindres vœux à mon oreille
Arriveraient, et, sans tarder,
Messager tout rempli de zèle,
Franchissant les divins parvis,
J'irais porter, toujours fidèle,
Tes prières au paradis.

Tout ce petit poème qui précède a été lu et applaudi à l'une des séances générales du congrès scientifique de France, au mois de mai 1876, à Périgueux; je le ferai suivre de quelques stances que j'ai écrites depuis étant aux eaux de la Bourboule, après une conversation que j'avais eue en promenade, avec une aimable famille Lorraine, qui, comme moi, était venue chercher la santé dans le pittoresque pays de l'Auvergne, au milieu de ses montagnes.

Il vient tout seul

Il vient tout seul, que voulez-vous qu'on fasse
Pour l'empêcher d'entrer à la maison?
Il est subtil comme le vent qui passe
Parmi les fleurs dans la belle saison.

Quand il le veut, partout il se faufile,
Il ne connaît porte, mur, ni cloison,
Il nous poursuit comme le vent qui file
Parmi les fleurs dans la belle saison.

Nul n'a jamais connu son origine,
On sent qu'il vient sans s'en rendre raison,
Tel qu'un follet glissant quand il bruine,
Parmi les fleurs dans la belle saison.

Il nous attire, après lui nous entraîne
Quand de sa pente on suit l'inclinaison,
Comme une fée en son charmant domaine
Parmi les fleurs dans la belle saison.

Oh! gare à tous, dangereuse est la pente
Par les tranchants cachés sous le gazon,
Comme serait la vipère sifflante
Parmi les fleurs dans la belle saison.

Mais si l'amour de deux cœurs est le guide
Lorsque l'autel bénit leur liaison,
C'est le bonheur roulant son flot limpide
Parmi les fleurs dans la belle saison.

J'espère que mon intention en plaçant ici ces poésies, sera comprise comme je l'ai expliqué au précédent chapitre ; c'est assurément par une pensée semblable à celle que j'ai exprimée, qu'à la fête de saint Joseph, célébrée à la réunion des cercles catholiques d'ouvriers, le dimanche, 11 mars 1877, on a donné, entre les solennités religieuses, une représentation théâtrale et d'autres divertissements : c'est que les organisateurs étaient des hommes très intelligents.

V

L'AMOUR

Mystique.

> Diliges Dominum Deum tuum ex toto
> corde tuo, et ex tota anima tua, et ex
> omnibus viribus tuis, et ex omne mente
> tua, et proximum tuum sicut te ipsum.
> (*Évangile*, saint Luc, chap. x.)

J'ai annoncé dans ma préface que j'envisagerai
l'amour sous tous ses aspects : me voici arrivé à
celui qui doit être comme le point culminant de
mon œuvre, et j'avoue que j'éprouve quelque hési-
tation avant de passer outre, voici pourquoi :

Si jusqu'ici je me suis trouvé en présence de
grandes et fréquentes difficultés inhérentes à mon
sujet, tant pour les peintures en elles-mêmes, que
pour les expressions destinées à les tracer, je vais
avoir maintenant à éviter un écueil d'un autre
genre ; n'ai-je pas à craindre qu'en traitant l'amour

de Dieu et du prochain, ce que je pourrai dire n'affecte à mon insu, assurément, une forme de quasi-sermon, ou de quasi-inspiration, ce qui me placerait aux yeux du lecteur sous un aspect ridicule? et le ridicule tue moralement. Ce que je puis affirmer à ce sujet, c'est que, si le cas se présente, ce sera aussi complètement involontaire que possible.

Je ne suis point revêtu du caractère sacré des prédicateurs, et je n'ai aucune espèce de prétention à donner mes élucubrations comme des inspirations d'en haut. J'exprime ma manière de voir et je le fais comme je peux. Je sais bien que je ne suis pas à l'abri de la critique; quel est l'homme qui puisse avoir la présomption de n'y jamais donner prise?

Il est surtout une critique qui ne fait jamais défaut, quand il s'agit de quelque œuvre touchant de près ou de loin à la religion ; celle-là est amère, sarcastique et dédaigneuse; elle jette à pleines mains le ridicule à l'œuvre et à l'auteur qu'elle prend à partie.

Je suis loin de dire que je ne la redoute pas, que je méprise même ses coups, etc. Ce serait une risible bravade d'écolier se mettant à écrire au sortir du collège; je sais que les plumes qui distribuent cette critique sont tenues par d'habiles mains, dirigées souvent par beaucoup d'esprit. Toutefois, si je suis très éloigné de faire fi de ces censures, je le suis non moins d'implorer à deux genoux leur bienveillance; je me contente simplement de dire à leurs auteurs : eh ! mon Dieu, messieurs, laissez-moi mes opinions, je n'en fais ni parade, ni mystère; vous ne les partagez pas, je le regrette, car j'aimerais à les voir préconiser par des hommes de talent, qui s'en acquitteraient bien mieux que moi; mais, enfin, puisque vous ne jugez pas à propos de le faire, laissez-moi m'en charger, pour la satisfaction des personnes qui voient comme moi.

Nous sommes, prétendez-vous, des aveugles, d'obstinés aveugles, d'encroûtés fanatiques, des tartufes, des jésuites, que sais-je encore? Je dois dire d'abord que je ne me crois pas aveugle en marchant à la lumière du flambeau de la foi, qui éclaire le monde depuis dix-huit siècles; que je ne me crois pas fanatique en adoptant les doctrines de l'Evangile, et en suivant les voies de l'Eglise de Jésus-Christ ; quant à être tartufe et jésuite, je ne suis ni l'un ni l'autre. Je ne puis être appelé tartufe parce que je confesse simplement et sans ostentation la foi chrétienne; pour Jésuite, je ne le suis pas du tout; j'aime, il est vrai, la morale douce des Jésuites, excepté bien entendu celle de ceux qui ont prévariqué, comme Bensi et autres, que leur ordre

9.

a du reste désavoués et condamnés ; mais je n'aime pas du tout, je le déclare, l'esprit envahissant, dominateur et intrigant de cette compagnie.

Ces petites explications données entre nous, laissez-moi libre de penser à ma manière ; vous avez la vôtre qui exclut la croyance religieuse ; moi j'ai la mienne qui, au contraire, l'admet et la professe, *coram populo*, comme vous faites pour la vôtre. Puisque vous proclamez que vous avez ce droit dans la plus grande latitude, pourquoi prétendriez-vous non seulement restreindre, mais encore annihiler le mien ? Vous ne seriez pas conséquents avec vos principes. Pourquoi mépriser, horripiler les personnes qui ont et affirment une croyance que vous ne partagez pas ? Quel mal cela vous fait-il, quel préjudice en éprouvez-vous ? Aucun certainement. Soyez donc incroyants, si cela vous plaît ; pour moi, je ne puis que déplorer votre erreur, et, loin de vous horripiler, vous plaindre et prier pour la conversion de frères égarés, c'est ce que prescrit la charité chrétienne ; mais vous, qui prêchez la fraternité, la tolérance, la liberté, mettez donc en pratique à notre égard toutes ces maximes.

Au sujet de ce que je viens de dire, je ne puis m'empêcher de raconter une petite anecdote qui m'est personnelle ; je l'ai déjà indiquée très succinctement ailleurs, je la donnerai ici avec plus de détails, toutefois, je n'y ajouterai aucune réflexion, le lecteur s'en chargera lui-même.

Il y a quelques années, je me trouvais dans un wagon de chemin de fer, en compagnie de trois autres voyageurs, une dame d'une cinquantaine d'années qui était dans le coin en face de celui que j'occupais, un monsieur qui me paraissait avoir dépassé sa huitième dizaine, et un jeune homme d'environ trente ans. Ces trois personnages causaient ensemble de personnes de leur connaissance commune ; moi n'ayant rien à dire, j'écoutais. La dame vient à parler d'une jeune personne dont le mariage avait manqué, parce que son futur avait voulu exiger qu'elle s'engageât à ne plus faire aucune pratique religieuse dès qu'elle serait mariée ; la jeune fille avait noblement et résolûment refusé de souscrire à une pareille condition. Là, je ne pus m'empêcher d'intervenir dans la conversation, pour approuver de toutes mes forces la courageuse jeune fille et exprimer que ce qu'on voulait lui imposer était une odieuse violation du droit de conscience. Là-dessus, une discussion s'engagea entre mes compagnons de voyage et moi, discussion à armes parfaitement courtoises, car, j'avais affaire à des gens très bien élevés ; le jeune homme, en outre, me fit l'effet d'être fort spirituel ; quant au monsieur de huit dizaines, il se bornait à des exclamations, et à frapper le plancher du wagon avec le bout de sa canne, mais si violemment qu'on eût dit qu'il voulait l'enfoncer, ce qui fût arrivé s'il n'eût été fort solide. J'ai dit que je ne ferais pas de réflexions, je remarquerai seulement, qu'en nous séparant, le jeune homme me serra cordialement la main, la dame m'adressa un gracieux salut, mais l'autre monsieur me regarda de travers.

Je dirai donc que je suis persuadé que, si mes contradicteurs pour lesquels j'ai raconté cette petite histoire, et moi, nous nous voyions dans une conversation de vingt minutes seulement, nous nous comprendrions parfaitement ; messieurs, vous ne me gagneriez pas à votre opinion, je ne vous convertirais pas à la mienne, et, néanmoins, j'en ai la conviction, nous nous séparerions dans les meilleurs termes, et, en nous serrant la main, nous nous dirions fraternellement : au revoir !

En attendant que brille le soleil de cet heureux jour, que personne ne désire plus que moi, poursuivons notre travail sur le sujet à la fois doux et beau qui va en être l'objet : l'amour de Dieu et du prochain.

L'âme a, dans l'exercice de ses fonctions, trois

guides pour diriger toutes ses opérations mystiques, ce sont les vertus théologales : la foi, l'espérance, la charité, et cette dernière est la plus grande des trois ; que dis-je, la plus grande! Elle est encore supérieure, car sans elle, les deux autres ne sont rien, les possédât-on au degré le plus éminent. La foi et l'espérance cesseront d'exister, la charité survivra éternellement.

En effet, la foi étant la vertu qui nous porte à croire tout ce que nous enseigne l'Eglise, sur Dieu et ses magnificences célestes, sur les châtiments dont il punit les coupables qui l'offensent, toutes choses que nous ne pouvons voir, sur les miracles de l'Evangile que nous n'avons pas vus, sur les mystères que nous ne pouvons ni pénétrer, ni expliquer ; l'espérance étant la vertu qui nous fait aspirer en ce monde vers le bonheur céleste qu'elle nous montre en perspective, n'auront plus de raison d'être quand nous verrons de nos yeux les magnificences de Dieu, quand nous goûterons les ineffables félicités du ciel, quand nous saisirons, nous comprendrons tout ce qui est ici-bas pour nous mystère impénétrable. On a donc raison de dire que la foi et l'espérance cesseront d'exister, s'évanouiront tout naturellement, avec la lumière du dernier jour du monde, puisqu'on croit nécessairement et forcément ce qu'on voit, ce qu'on comprend, et qu'on n'a plus besoin d'espérer d'obtenir ce que l'on possède.

La charité, au contraire, survivra aux temps, elle subsistera au Paradis, dans cet éternel et ineffable amour de Dieu qui nous remplira tout entiers, et dans le bonheur que nous éprouverons de voir celui de tous les bienheureux, nos frères dans le monde et dans l'éternité, contribuant, du reste, à la gloire de Dieu.

J'ai cru devoir expliquer en quoi et comment deux des vertus Théologales disparaîtront avec le monde; non pas que je pensasse que ce fût nécessaire pour les croyants avec lesquels je suis en communauté d'idées, de foi et d'espérance, ils s'en rendent compte aussi bien que moi; mais il m'a semblé que cette explication était une partie nécessaire, inhérente à l'ensemble de ce que j'écris ici, qui est une sorte d'exposé de principes et d'opinions; j'arrive à ce qui en doit en faire le sujet principal, l'amour de Dieu et du prochain.

Ces deux amours sont liés l'un à l'autre, le second est comme un corollaire du premier; ils forment ensemble ce que nous désignons par le seul nom de charité; en eux est, nous dit l'Evangile, toute la loi.

J'ai parlé tout à l'heure des trois vertus Théologales dont les deux premières finiront avec le
monde, et dont celle que l'on nomme la troisième,
comme étant le point culminant de l'édifice moral,
doit éternellement subsister ; je pense que ce ne
sera pas un hors-d'œuvre de donner ici une composition poétique que j'ai faite et publiée à leur
sujet il y a quelques années, dans un journal.

La foi

La Foi, flambeau qui nous éclaire
Pour distinguer la vérité,
Est un rayon du sanctuaire
Où Dieu règne en l'éternité ;
C'est la Foi, vertu précieuse,
Don céleste qui manque, hélas !
A l'âme sceptique, orgueilleuse,
Qui, loin d'elle, porte ses pas.

Elle parle à l'intelligence,
Elle anime notre raison
A fouler la vaine science,
Comme le pied fait au gazon ;
D'elle vient la force de croire
Aux mystères sacrés de Dieu ;
Elle porte devant sa gloire
L'humilité de notre aveu.

Foi, laissons l'impie et l'athée
Te regarder avec dédain,
Et de leur raison révoltée,
Adopter le conseil hautain ;
Nous, sur les traces de l'Eglise,
Marchons confiants avec toi,
Là, point d'erreur qui soit admise,
Et là, l'unité dans la Foi.

L'espérance

Sœur de la Foi, douce Espérance,
Sans ton appui que serions-nous?
Qui supporterait la souffrance
Et du sort les funestes coups?
De toi le plus léger sourire
Est à l'esprit bouleversé,
Ce qu'est l'ancre pour le navire
Que bat l'Océan courroucé.

C'est l'espérance qui console
Nous montrant toujours l'avenir,
Et le cœur entend sa parole
Disant : le présent doit finir ;
Il est d'ailleurs une autre vie,
Que n'attriste aucun accident,
Une radieuse patrie
Où le jour n'a point d'occident.

Sainte espérance qui s'élève
Avec nos soupirs vers le ciel,
Non, ce ne peut être un vain rêve.
Dieu seul est un appui réel ;
Oh ! l'espérance qui se fonde
Sur lui quand vient l'anxiété,
Sauve de l'orage qui gronde
Pour le temps ou l'éternité.

La Charité

La Charité, comment dépeindre
Cet amour immatériel ?
Nul sentiment ne peut atteindre
Cette ardeur qui descend du ciel,
Cette ardeur, essence divine,
S'épanchant en fleuve de feu,
Et dont la céleste origine
Est dans le cœur même de Dieu.

C'est la charité qui transporte
Vers Dieu l'élan de notre amour ;
C'est la Charité qui nous porte
Vers le pauvre dans son séjour ;
C'est elle qui nous rend facile
Le plus sublime dévoûment,
Qui, de l'égoïsme stérile,
Flétrit l'ignoble sentiment.

C'est elle aux plus lointains rivages
Qui du Christ porte le signal,
Qui fait ses vivantes images
Des humbles sœurs de l'hôpital.
Amour sacré, charité sainte,
Toi, la première des vertus,
Marque les cœurs de ton empreinte,
C'est pour eux le sceau des élus !

Maintenant tout ce que je vais dire au sujet de l'amour de Dieu et du prochain ou de l'humanité, ce qui est la même chose, ne va être qu'une paraphrase des vers qui précédent, une sorte d'amplification destinée à donner à cette idée les développements dont elle est susceptible ; occupons-nous d'abord de l'amour de Dieu.

L'amour de Dieu est à la fois un précepte de morale et un sentiment mystique remplissant notre cœur, où il fait brûler la plus douce flamme. Ce sentiment n'a d'analogue dans aucun de ceux que nous éprouvons : la flamme dont il souffle le foyer est d'une nature tout à fait différente de celles que peuvent allumer en nous tous les autres amours.

L'amour de Dieu, c'est l'amour par excellence, parce qu'il a pour objectif l'être éternel, qui est la perfection infinie, en un mot, parce qu'il va comme s'immerger dans l'immensité divine, dans le cœur de Dieu, principe même de l'amour.

Si cet amour dont Dieu met le germe dans tous les cœurs humains arrivait chez tous les hommes à la plénitude de sa puissance et de son étendue, il les éloignerait, assurément, de toute mauvaise action ; il leur opposerait la plus infranchissable barrière, pour les empêcher de se jeter dans les mauvaises voies, car l'amour est plus fort que la loi. On craint moins d'enfreindre les prescriptions légales, d'encourir les peines qui résultent de cette infraction, que de déplaire à un objet profondément et sincèrement aimé : c'est surtout contre les passions que cet amour peut être un efficace auxiliaire pour en triompher. Quand les voluptés allument en nous leurs flammes ardentes; quand elle mettent en ébullition le sang qui circule dans nos veines; quand elles emportent vertigineusement notre imagination sur un torrent de feu, la seule digue efficace et puissante à leur opposer, c'est cet amour; il peut nous retenir, nous donner la force de dominer la passion en nous faisant porter nos regards vers le ciel, pour nous y réfugier dans le cœur de Dieu, dans ce cœur d'où partent des rayons qui viennent amortir, éteindre en nous le feu qui nous dévore, de même que nous voyons ceux du soleil d'avril qui, par une ouverture quelconque, pénètrent dans nos intérieurs, éteindre le feu qui brûle encore dans l'âtre quand ils frappent sur lui. Oui, cet amour qui nous ferait tendre à une perfection toujours croissante, pour laquelle aucun sacrifice ne nous coûterait, serait encore notre sauvegarde contre la plus redoutable des passions.

Hélas ! s'il n'en est pas toujours ainsi, c'est que

si le plus grand nombre ressent bien une certaine affection pour Dieu, elle est fort tiède, et c'est la petite minorité dont l'âme tout entière en soit tellement possedée qu'elle l'emporte en elle sur toute autre.

Nous comprenons, nous ressentons les affections terrestres, parce que nous voyons, nous apprécions l'objet ou les objets qui nous les inspirent ; mais lorsqu'il s'agit de nous porter vers Dieu, dont nous sentons bien l'existence, dont nous connaissons toutes les perfections, dont nous savons toute la sollicitude à notre égard, nous ne le voyons pas ; nous ne pouvons nous rendre compte du bonheur que l'on goûte à l'aimer ; notre esprit accoutumé à ne recevoir ses plus fortes impressions que par ce qu'il perçoit par les organes corporels qui le servent, n'en reçoit qu'une très faible à l'égard de Dieu : il résulte de cette disposition de notre nature, que le sentiment que nous éprouvons est en raison de la commotion que ressent la fibre qu'elle fait vibrer. Et, bien que nous sachions que Dieu est amour, qu'il nous aime immensément, nous, nous ne le lui rendons qu'imparfaitement, qu'avec une sorte de parcimonie. Et, pourtant, si nous envisagions tout ce que nous devons à Dieu, tout ce qu'il est pour nous, si nous en étions pénétrés, nous l'aimerions très certainement plus que toutes choses.

Et, comment aurions-nous de la reconnaissance des bienfaits de Dieu qui nous viennent d'une main invisible, quand c'est à peine si nous avons quelque gratitude pour les services que nous rendent des êtres visibles et palpables, les autres humains?

Cependant, si la généralité des hommes n'a pas pour Dieu l'amour qu'ils devraient lui porter, il es des âmes d'élite que ce sentiment embrase et chez lesquelles il développe l'ascétisme dans sa plus grande extension, dans toute la sublimité de cette exaltation. L'être chez lequel se produit cette opération psychologique, s'élève entièrement vers Dieu auquel il donne tous les mouvements de son cœur, toutes les pensées de son esprit.

Je sais bien qu'on m'objectera que cette situation d'extrême surexcitation morale, amène quelquefois des perturbations physiques et même mentales. Je ne conteste pas que cela puisse arriver; toute disposition analogue en politique, en matière d'intérêts privés, en amour, en sciences abstraites et transcendantes, peut aussi conduire aux mêmes résultats, on en a des exemples dans les uns, comme dans les autres cas; mais ces exemples sont des exceptions, et ils n'atteignent que des esprits faiblement organisés, ou si naturellement exaltés qu'ils sont emportés comme par un torrent. Entre bien d'autres cas analogues, je citerai un bon et honnête maçon de campagne en Périgord, dans l'arrondissement de Sarlat ; ce brave homme s'est, je ne sais comment, mis dans la tête des questions algébriques, il ne rêve plus que cela, il n'aborde plus les personnes auxquelles il suppose des connaissances sur ces matières, qu'en leur proposant quelque problème d'algèbre dont il ne peut trouver la solution, qu'il voudrait qu'on lui donnât ; en un mot, s'il n'est pas devenu tout à fait fou, on peut dire qu'il est toqué, mais toqué complètement. Je l'ai vu, j'ai causé avec lui, et je l'ai, par conséquent, apprécié *de visu.* Aussi, ces circonstances exceptionnelles, ne m'empêcheront point d'admirer l'ascécétisme raisonnable, qui élève l'âme vers Dieu dans une expansion d'amour infini et contemplatif. Il faudrait, pour bien dépeindre cet état dont souvent rien ne se manifeste extérieurement, si ce n'est par une grande piété, il faudrait, dis-je, s'y trouver soi-même, il faudrait éprouver ces élans du cœur vers Dieu, qui le remplit et l'enflamme. Malheureusement, je ne suis pas à cette hauteur, et ne puis pas m'en rendre assez bien compte, pour les exprimer parfaitement. Je suis donc obligé de me borner à ce que j'ai dit et j'arrive à un autre état plus étonnant par les caractères extérieurs qu'il présente; je veux parler de l'extase; mais, avant d'aborder cette question, ne dois-je pas faire ressortir de quel puissant secours nous est l'ascétisme dans les douleurs morales, poignantes, qui viennent étreindre notre cœur, le déchirer, le torturer ? C'est en répandant nos angoisses devant Dieu, en laissant tomber nos larmes à ses pieds que nous sentons descendre en nous les plus sûres, les plus efficaces consolations ; le cœur serré se dilate, le calme succède à l'agitation dans notre esprit, l'espérance y descend.

Dans les souffrances du corps, quand leur acuité nous arrache des gémissements ou même des cris, l'ascétisme qui nous fait porter nos pensées, nos supplications vers Dieu, nous donne la force, le courage, la patience nécessaires pour supporter les plus cruelles douleurs, et c'est déjà un soulagement, non seulement moral, mais même physique; car il est à remarquer que l'irritation nerveuse qui résulte des contractions que cause l'impatience dans les crises du mal, contribue beaucoup à augmenter son intensité, tandis qu'au contraire la patience à souffrir le diminue, ou du moins a pour résultat de l'alléger.

Tels sont les effets de l'ascétisme qui nous fait
ressentir ses bienfaits, lors même qu'il n'est pas
porté chez nous à son paroxysme le plus élevé, à ce
paroxysme qui est une perfection et un bonheur
pour l'âme, et qui peut quelquefois, bien que le cas
se présente très rarement, la conduire jusqu'à l'extase dont j'ai annoncé plus haut que j'allais m'occuper.

Oh! à ce seul mot, les lèvres du philosophe sceptique se plissent d'un sourire moqueur; il ne considère cet état que comme une ridicule comédie, une
hypocrisie, ou simplement une maladie.

Je conviens que, dans certaines circonstances,
une de ces trois hypothèses peut être vraie. Oui,
l'extase peut être simulée dans un intérêt quelconque; elle peut être une habile hypocrisie pour
servir de manteau au vice; elle peut être le résultat
d'un désordre dans l'organisme physique.

Je n'entrerai pas dans de longs détails sur les
caractères physiologiques qui peuvent servir à faire
distinguer cette situation quand elle est divine, si
je puis m'exprimer ainsi, de ses similaires factices
ou morbides; cela m'entraînerait à des développements trop longs que, du reste, j'ai donnés à la section de médecine et d'anthropologie au congrès
scientifique de France à sa session de Saint-Brieuc

10

et sur lesquels j'ai l'intention de revenir ailleurs. Ma communication fut très appréciée et on voulut, à cette occasion, me décerner une distinction; je crus devoir refuser, faisant remarquer que, si le congrès délivrait ainsi des récompenses à ses membres pour les travaux de la session, cela descendrait cette belle institution de la haute position qu'elle a, comme étant l'expression la plus élevée de l'intelligence en province, en l'abaissant aux simples proportions d'un concours, et que tous les membres de cette réunion étant sur le pied de la plus parfaite égalité, aucun ne pouvait avoir la présomption de s'ériger en juge de ses collègues. Je n'envisagerai donc ici l'extase qu'à son point de vue religieux.

Considérée ainsi, l'extase est le plus haut paroxysme de l'amour de Dieu, faisant au sujet qui est sous cette impression la faveur de le ravir en lui. L'âme, en cet état, est transportée hors du monde qui l'entoure; elle s'élance vers le ciel où elle s'enivre de l'amour de Dieu, avec lequel elle se trouve en communication intime; elle possède les félicités de ce pur amour par anticipation, comme elle les possédera dans l'éternité.

Toutefois, ce cas est rare, très rare, comme je l'ai déjà dit, parce que les sujets qui réunissent toutes les conditions pour y arriver sont rares aussi. Dieu

n'accorde une telle faveur qu'à des âmes d'élite,
pratiquant avec une dévotion sincère toutes les
vertus chrétiennes, et s'élevant vers lui continuellement par une contemplation assidue, fervente.

Si Dieu qui, comme nous l'avons dit, est amour,
se communique d'une manière si spéciale aux âmes
vertueuses et chrétiennes par excellence, et perfec-
tionne leur amour pour lui jusqu'au point de se les
identifier en quelque sorte, il distribue, non seulement à tous les hommes en général, l'étincelle de
son amour, mais il va plus loin, il les fait arriver
jusqu'aux cœurs les plus éloignés de lui, pour y
ranimer ce feu sacré qui couve sous la cendre de
celui des passions, sous la fange même du vice.

Toutes les époques fournissent des exemples d'âmes
dissipées, égarées, dissolues, ou même impies qui, à
l'heure de Dieu, sont saisies de son amour, et alors
se donnent à lui avec la plus vive ardeur et deviennent des exemples de sainteté ; on pourrait en citer,
même de nos jours, malgré le souffle délétère qui
passe sur la société moderne et lui communique
les miasmes pestilentiels qu'il apporte avec lui et
qu'il dépose dans les esprits, comme le choléra
inocule les siens dans notre organisme physique.

Je voudrais ici, avant d'aller plus loin, faire faire
à mes lecteurs, fatigués de philosophie et de physio-

logie, une pose qui les reposât quelque peu, et en cherchant dans ma mémoire un récit d'éclatante conversion qui pût les intéresser, je n'en trouve point de plus touchant que l'histoire si connue de Marie Madeleine, ce premier modèle de repentir et d'amour que le christianisme ait eu à enregistrer.

Déjà, il y a quelques années, j'ai publié ce même récit; il fut alors reproduit par plusieurs journaux de province : j'espère qu'on ne me reprochera pas la forme un peu légendaire que j'ai donnée à ce fait historique, ce n'a pas été, assurément, pour le rendre plus attrayant, il l'est assez par lui-même; j'ai eu, je l'avoue, la faiblesse de céder au goût de notre époque de tout dramatiser, j'en fais humblement l'aveu; or, comme péché confessé est à moitié pardonné, j'espère que mes lecteurs voudront bien m'accorder une absolution entière; dans cet espoir je leur dirai :

Madeleine était une belle, très belle fille, originaire d'un bourg de Galilée, nommé Magdala, d'où on lui avait donné le surnom de Magdalana, duquel nous avons fait Madeleine. Ce nom n'était pas le sien propre, qui était Marie ; ce n'était qu'une sorte d'appellation de guerre sous laquelle on la connaissait, comme de nos jours on a connu Mogador, la reine Pomaré, etc., etc. Mais ce nom, après avoir eu la célébrité de l'orgie érotique, devait passer aux siècles futurs, écrit en lettres d'or sur les tablettes hagiographiques.

L'histoire ne nous dit pas si Madeleine fut brune ou blonde, toutefois, c'est cette dernière nuance que les peintres s'accordent à donner à ses cheveux; au surplus, cela importe peu, toujours est-il qu'elle était belle et séduisante à ravir, à faire damner un saint. Ses charmes, la désinvolture de ses mœurs, le nombre et la qualité de ses adorateurs lui avaient donné en Judée la renommée des Laïs, des Phryné dans la Grèce; c'était une courtisane élégante, c'était ce qu'on a appelé chez nous successivement de toutes sortes de noms, et ce qu'on désigne maintenant sous celui de *cocotte;* c'était, si je puis m'exprimer ainsi, un type de l'aristocratie du vice, du vice dont Derceto ou Melyta des Assyriens, Astarté des Phéniciens, Vénus des Grecs et des Romains étaient les mythes divinisés et dont le culte était les voluptés les plus échevelées; dont les prêtresses étaient des prostituées élégantes, portant le débraillé jusqu'à oser venir plaider leur cause en dévoilant publiquement leur corps entier, dans le sanctuaire même de la justice, devant la plus

10.

haute magistrature, l'Aréopage siégeant à son tribunal.

Si chez les Juifs, adorateurs du Dieu unique, du Dieu pur par essence, les voluptés n'étaient point divinisées et n'avaient point d'autels, elles avaient des adeptes vouées, sinon à leur culte, du moins à tous leurs dérèglements; or, Madeleine était, nous l'avons dit, une de ces adeptes, une adepte frénétique et brillante par sa beauté et par sa magnificence; célèbre par son luxe, ses excès, ses excentricités.

La narration évangélique la représente comme étant sous l'empire de sept démons, autant que nous connaissons de péchés capitaux; ils l'obsédaient sans cesse et la poussaient vertigineusement dans la route où elle s'était engagée.

La belle et célèbre pécheresse habitait la ville de Naïm en Judée. Voilà qu'arrive dans cette cité un jeune homme de trente ans, grave dans son maintien, austère dans sa vie, puissant par sa parole. Il était, partout où il allait, précédé par la renommée que lui donnaient les prodiges qu'il opérait, et la nouveauté des doctrines qu'il enseignait; il était d'une taille au-dessus de la moyenne, son œil était bleu, son regard serein et doux, son visage était beau et légèrement coloré, sa chevelure et sa barbe

avaient une nuance d'un blond tirant sur le roux;
c'est ainsi que le dépeint la description envoyée à
l'empereur Tibère par le gouverneur de Judée, ce
jeune homme était Jésus; Jésus le verbe éternel
fait homme, le Messie !

Dès ses premiers pas dans Naïm, le jeune homme
dont personne encore ne soupçonnait la divinité,
signala son arrivée par un de ces nombreux faits
surnaturels qui s'opéraient chaque jour à sa voix;
il rendit à la vie le fils d'une veuve que la mort
venait de lui ravir. Le bruit de ce miracle, qui avait
émerveillé toute la population, répété de bouche en
bouche, était arrivé jusqu'aux oreilles de Madeleine;
il vint la surprendre et frapper l'insouciante et
somptueuse courtisane au milieu de l'enivrement
des plaisirs. Ce fut pour elle comme un de ces bruits
étranges et indéterminés, que l'on entend quelquefois retentir plus accentué que les autres à travers
les rumeurs confuses d'une joyeuse assemblée; ce
fut une de ces voix dominant toutes celles qui
bourdonnent dans notre imagination pour arriver
au cœur. Madeleine l'entendit. Que se passa-t-il en
elle? Eprouva-t-elle le vaniteux désir d'aller essayer
l'empire de ses charmes sur le jeune thaumaturge
dont on vantait la sagesse, les mœurs pures, et les
faits surprenants? Songea-t-elle à l'amener à ses

pieds parmi les adorateurs qui lui formaient une voluptueuse cour? C'est ce qu'il serait difficile de déterminer; toujours est-il que, frappée de tout ce qu'elle entendait dire, elle demeura rêveuse sous l'impression qu'elle avait reçue; son esprit resta ballotté entre mille pensées diverses et indistinctement dessinées; peu à peu, pendant cette fluctuation d'idées, son impression grandit; ses pensées en s'entre-choquant tumultueuses, firent passer sous ses regards les tableaux de ses désordres; des milliers d'images volèrent comme les spectres d'une affreuse fantasmagorie devant ses yeux immatériels, toute sa vie lui apparut dans ses moindres circonstances, dans ses plus minutieux détails; elle se considéra étendue à ce moment presque nue sur un lit de repos; un frisson de honte parcourut tous ses membres, son cœur s'émut; des larmes perlèrent à travers ses longs cils; le repentir se fit jour dans son âme; la grâce lui parlait, elle écouta sa voix.

Touchée, et remplie d'un sentiment tout nouveau pour elle, la fille des voluptés se recueillit quelques instants en elle-même, pour se rendre compte de ce qu'elle éprouvait, puis une résolution ferme et soudaine se forma dans son esprit.

Aussitôt elle se leva, rejeta loin d'elle ses bijoux

et ses parures, et revêtue d'un costume simple et décent, elle sortit de chez elle, emportant un vase rempli de parfums, décidée à s'aller jeter aux pieds de ce Jésus dont le nom avait retenti à ses oreilles, et d'y abjurer ses dérèglements.

La voix publique apprit à Madeleine où elle trouverait celui qu'elle cherchait, celui qui faisait l'objet de tous les entretiens. Il avait été invité à un repas chez un riche habitant de la ville, appartenant à la secte des pharisiens; la belle pécheresse se dirigea vers la maison du festin; elle y pénétra un peu malgré les serviteurs, et au grand scandale du maître de la maison, et des disciples de Jésus, qui étaient à table avec lui; tous en murmuraient assez haut entre eux, et témoignaient à Marie, par leurs regards, le peu de sympathie qu'elle leur inspirait. Elle, sans s'arrêter à cet accueil si décourageant, le remarquant d'ailleurs à peine, tout absorbée qu'elle était dans son unique pensée, se précipita aux pieds de Jésus en versant un torrent de larmes dont elle les inonda, elle les essuya avec ses cheveux, et répandit sur eux les parfums contenus dans le vase qu'elle avait apporté avec elle.

Oh! cet acte spontané, ces larmes étaient sincères; elles partaient du fond du cœur; elles parlaient plus haut que les plus éloquentes paroles.

Jésus se retourna vers la courtisane repentante, laissa tomber sur elle un de ces regards célestes pleins de mansuétude, et, de sa voix douce et pénétrante, avec un accent d'autorité que lui donnait sa divine puissance : « Allez en paix, ma fille, dit-il, vos péchés vous sont remis.» Ces paroles de l'Homme-Dieu rendirent le calme à Marie, et la délivrèrent instantanément de l'obsession diabolique sous l'empire de laquelle elle était.

Depuis ce moment, Madeleine s'attacha à Jésus ; le suivit avec les saintes femmes dans sa prédication, et ne le quitta pas même dans les douloureuses péripéties de sa passion ; elle était au pied de la croix, accompagnant la sainte mère de ce divin sauveur du monde, et partageant son incomparable douleur.

A ses amours impudiques, avait succédé un amour chaste et immense, aussi c'est d'elle que le divin rédempteur a dit : « Il lui sera beaucoup pardonné, « parce qu'elle a beaucoup aimé. »

Oui, le Christianisme est une loi d'amour. D'abord parce qu'il est une expansion de l'amour de Dieu envers les humains, pour le salut desquels s'est immolé son fils unique, le verbe éternel : il renouvelle pour eux tous les jours, jusqu'à la fin des siècles, ce sacrifice dans lequel il se communique à eux intimement par le sacrement où il réside corporellement et dans lequel il se donne comme nourriture de leurs âmes; ensuite parce que cette loi d'amour prescrit aux hommes de donner le leur à Dieu en retour de celui qu'il a pour eux; enfin c'est encore une loi d'amour parce qu'elle appelle tous les humains à une sainte et mystique fraternité, dont elle leur fait un devoir, en leur prescrivant de s'aimer les uns les autres.

Avant que Jésus-Christ fût venu en ce monde prêcher sa sublime doctrine et fonder sa religion, dont la loi donnée sur le mont Sinaï aux Hébreux était en quelque sorte la préface, la loi d'amour était inconnue sur la terre; Dieu ne s'était manifesté qu'à une seule-nation, et ce n'avait été que dans l'appareil imposant de sa puissance; il avait donné ses lois, menaçant de châtiments terribles les transgresseurs. Il n'apparaissait à l'esprit humain que comme un Dieu redoutable, et, cependant, toujours prêt à pardonner au repentir. Il avait prescrit à son peuple les adorations et le culte qui lui étaient dus; il lui avait bien dit qu'il devait l'aimer en retour de ses bienfaits dont il le comblait, mais il ne lui avait pas fait connaître toute la tendresse qu'il a pour les humains et dont le divin Messie devait apporter la révélation; il n'avait pas encore non plus institué cette fraternité dont j'ai parlé tout à l'heure, l'amour du prochain; elle pouvait bien ressortir implicitement de la loi d'alors, mais elle n'y était pas aussi précisément exprimée que dans la loi nouvelle, le christianisme.

Chez les payens, il ne pouvait y avoir ni amour ni respect pour leurs divinités, agitées de toutes les passions, de tous les caprices humains; quant à aimer le prochain, ils n'avaient pas soupçon de ce précepte, qui ne pouvait pas même ressortir de leurs religions, toutes matérialistes et marquées du sceau de l'égoïsme. C'est donc à la religion chrétienne qu'est due la création de ce lien d'affection et de bienveillance de tous les hommes entre eux; ce lien qui les unit si intimement que, si le précepte qui le forme était rigoureusement pratiqué, il ne pourrait y avoir ni animosités, ni envies, ni vengeances, ni déplorables divisions parmi les humains; malheureusement il n'en est point ainsi, parce que, soit notre nature, soit les diverses préoccupations de la vie pour nos intérêts personnels, vicient notre cœur et brisent ce lien.

Cependant, si on y réfléchissait bien, l'amour de l'humanité est en quelque sorte l'amour de soi-même; car, ce sont nos semblables que l'on nous recommande d'aimer, ce sont des êtres comme nous qui, en définitive, ont, remontant la suite des âges écoulés, la même origine que nous. Le principe de l'existence de tous les hommes converge vers un même point de départ, les deux premiers êtres de notre espèce que Dieu créa et qui sont nos premiers aïeux, Adam et Eve.

Combien s'égarent certains philosophes, certains savants qui veulent, détruisant les assertions de la Genèse, prétendre que tous les humains n'ont pa la même origine, ne descendant pas à travers a nuit des siècles qui nous dissimule leur marche, des deux êtres que je viens de nommer. Les philosophes modernes veulent prêcher une fraternité qu'ils entendent à leur manière ; eh ! cette commune origine qui nous fait sortir tous de la même souche, le nègre comme le blanc, le riche comme le pauvre, n'est-elle pas le meilleur argument à faire valoir pour établir cette fraternité que nous voulons tous, mais à des points de vue divers et pour des fins différentes.

Je ne parlerai pas de la manière dont la philosophie moderne entend son opinion sur cette question ; mon but n'est point d'ouvrir ici une polémique à ce sujet, je dirai donc que nous, chrétiens, nous voyons dans cette affection des humains les uns pour les autres, une sorte de reflet de l'amour de Dieu envers des êtres qui, comme nous, marchent dans le temps vers l'éternité, soumis en ce monde aux mêmes besoins, aux mêmes maux, aux mêmes misères, aux mêmes douleurs; nous la considérons comme une loi divine dont le but et l'effet sont d'harmoniser, mais non de niveler toutes les situations si diverses des humains. Telle est pour nous la véritable fraternité, que j'appellerai de son nom chrétien, la charité.

Dès la formation des premières sociétés humaines, surtout en agglomérations assez importantes, il y a eu des inégalités sociales: inégalités de rang, inégalités de fortune, et, par suite, des faibles à protéger, des misères à secourir. Chez les païens, aucune trace de prescription morale pour secourir la peine ou l'indigence; chez le peuple israélite la loi de Moïse en faisait une obligation en quelque sorte d'ordre public; l'Evangile en a fait un devoir d'amour rattaché à celui qu'il prescrit d'avoir pour Dieu. Pour nous donc, chrétiens, l'affection que nous nous devons réciproquement est une sorte d'émanation de celle que nous devons vouer à Dieu, et que nous en détachons pour la porter sur nos frères, de même que, d'une source limpide se dégage une fraîche vapeur allant tomber en rosée sur les plantes qui avoisinent son cours.

Or, cette rosée ne fait point de distinction, elle va

s'attacher également à la plus humble graminée, à l'herbe la plus chétive, à la ronce qui déchire, à la plante vénéneuse, tout aussi bien qu'aux végétaux dont la tige s'élance plus élevée, plus puissante, ou qui sont doués de propriétés bienfaisantes et au lys éblouissant de blancheur et de beauté.

Ainsi fait la charité chrétienne, elle efface toutes les distinctions de rang, de fortune, d'intelligence, quand il s'agit d'aider les autres humains, de secourir des misères. Elle ne craint point, quelle que soit l'élévation de sa position sociale, de s'asseoir au chevet du pauvre gémissant sur son grabat sous les étreintes de la souffrance, pour lui porter des secours et des consolations, et, si elle comprend bien ce qu'elle est, elle ne se laisse jamais aller à l'enflure de l'orgueil qui porte à mépriser les autres humains. L'égalité sociale est une chimère ou une hypocrisie de ceux qui la prônent pour s'élever et repousser ensuite ceux qui leur ont naïvement servi de marchepied; l'égalité chrétienne, découlant de la charité ou amour fraternel des humains, est une sublime et admirable réalité.

Ainsi donc le prochain que nous devons aimer comme nous-mêmes, ce sont les humains en général et plus particulièrement ceux qui souffrent et ont besoin de consolations ou de secours. Mais la charité sincère, la charité vraie, sans précisément s'entourer de mystère, se couvre d'un voile parfumé de modestie qui la dérobe aux yeux ; ce n'est point le désir d'obtenir des éloges, de s'attirer l'estime publique qui dirige ses actions, c'est son cœur, c'est l'impulsion de l'amour et de l'humanité, c'est le précepte divin. L'ostentation de cet amour en est autant éloignée que la fausse science l'est de la vraie, que le paradoxe l'est de la vérité.

Que d'actes humblement héroïques, que de sublimes dévoûments n'enfante point chaque jour l'amour du prochain ! Je citerai seulement Mme de..., jeune, riche, gracieuse, morte à Paris, au faubourg Saint-Germain qu'elle habitait il y a une trentaine d'années ; elle distribuait tout ce qu'elle possédait pour soulager des misères, et à tel point qu'à peine trouva-t-on chez elle un drap pour l'ensevelir !

Et ces admirables sœurs qui, dans les hôpitaux, vouent leur existence entière aux soins des malades, quelle abnégation ! quel héroïsme de charité ! et, pourtant, cet extrême amour de l'humanité conduisant à ce dévouement sans bornes qui nous étonne et nous émeut peut encore être surpassé. Impossible, me dira-t-on !... Impossible, répondrai-je, non ! non ! Le sentiment le plus difficile à avoir, le plus grand, le plus surprenant, c'est celui qui nous porte à nous intéresser, non pas à des êtres qui nous sont sympathiques ou indifférents, qui peuvent être même grossiers, dégoûtants, repoussants, mais à son ennemi, à celui qui nous a nui autant qu'il a été en lui, par ses actes, par ses discours sarcastiques, par ses perfidies, par ses calomnies. Rendre le bien pour le mal; oh! je ne crains pas de le dire, c'est là le triomphe de la charité, de l'amour du prochain; car notre ennemi le plus implacable, le plus cauteleux, le plus acharné est aussi, lui, notre frère, et nous devons payer son antipathie, sa haine, par un sentiment tout opposé.

Que de choses n'aurais-je point encore à dire au sujet de l'amour que les humains se doivent réciproquement; sur cette expansion des âmes de laquelle résulte le lien moral qui rattache les humains entre eux, et fait vibrer les fibres sous l'action desquelles parlent en nous tant de bonnes et fraternelles inspirations! Mais il faut savoir se maintenir dans de justes limites; j'ai tâché de saisir les traits principaux de mon sujet et je les ai exposés dans ces pages; au surplus, j'ai toujours été de l'avis du bon La Fontaine, et je me dis avec lui :

> Bornons ici notre carrière,
> Les longs ouvrages me font peur.

Les longs ouvrages me font peur, c'est vrai. Cependant, je veux encore ajouter quelque chose à ce chapitre, c'est un hommage au Sacré-Cœur de Jésus, à ce foyer de charité d'où s'échappent les rayons qui vont réchauffer les cœurs des humains ; cet hymne trouve naturellement sa place à la suite de réflexions sur l'amour de Dieu et du prochain ; du reste j'ai commencé ce volume par une préface en vers, je le termine par une poésie.

HYMNE

Pour la consécration au Sacré-cœur de Jésus.

Cœur de Jésus, recevez nos hommages,
  Quand nous venons vous adorer ;
Quand de l'encens fumant s'élèvent les nuages,
  Quand nous venons vous implorer,
Daignez laisser tomber un rayon favorable
  De votre feu divin sur nous.
Qu'il enflamme nos cœurs, qu'il nous soit secourable,
  Nous nous consacrons tous à vous.

Chacun dit en son for : cœur divin, je vous aime,
  Mais donnez-moi de plus en plus
L'immense charité qui, comme un diadème,
  Est l'auréole des élus.
Vous êtes mon appui pour les jours de ce monde,
  Mon espoir pour ceux à venir ;
Vous nous aimez, j'ai foi dans cette amour féconde
  Qui ne cesse de nous bénir.

Cœur divin, à combien de misères humaines
  Vous prodiguez votre secours !
Combien vous soulagez de douleurs et de peines !
  Qu'à vous on s'adresse toujours.
Mon âme va vers vous pleine de confiance,
  Vos tresors lui seront ouverts,
Je la sens s'alléger, elle part et s'élance,
  J'entends les éternels concerts.

Ainsi dit le fidèle et sa prière arrive
    Dans le cœur sacré du Sauveur,
Ce refuge assuré dont la tendresse active,
    Appelle nos vœux, notre cœur ;
Que chacun les lui porte en priant pour l'Église,
    Pour son saint pontife et pour soi,
Et le cœur de Jésus aux jours d'horrible crise
    Entendra les cris de la foi.

Oui, venons de nos pleurs lui présenter l'offrande
    Avec nos maux et nos douleurs,
Il sait prendre pitié de celui qui demande
    Dans la souffrance ou les malheurs,
Où saurait-on aller pour trouver assistance,
    Où phare, où port plus assuré ?
Consacrons-nous à lui, consacrons-lui la France :
    Gloire, amour à ce cœur sacré !

Gloire au cœur de Jésus, rendons-lui nos hommages,
    Prosternons-nous pour l'adorer,
Que de l'encens fumant s'élèvent les nuages
    Avec nos voix pour l'implorer,
Espérons avec foi qu'un rayon favorable
    De ses feux descendra sur nous,
Qu'il brûlera nos cœurs, nous sera secourable : – –
    A lui nous nous consacrons tous.

RÉFLEXIONS

A PROPOS DE QUELQUES PASSAGES DE CE LIVRE

On a qualifié de lubies ridicules ce que j'ai dit
tant au sujet du remède dont j'ai parlé, que de la
perception des droits de mutation ; le critique qui
s'est ainsi exprimé, a commencé son article d'appréciation qui me concerne dans le polybiblion, par
des paroles bienveillantes à mon égard, et j'y ai été
sensible, comme je le suis toujours pour tout bon
procédé ; je lui rendrai donc gracieuseté pour gracieuseté et je lui dirai aussi moi, que je serais
désolé de lui être désagréable en ce que je vais lui
répondre ; cependant je ne puis m'empêcher de lui
faire observer que c'est parler bien légèrement que
de s'exprimer aussi affirmativement sur des questions de la nature de celles dont il s'agit, sans connaître personnellement leur auteur, afin de pouvoir
juger quel degré de confiance il mérite, et, par
suite, quelle importance on peut attacher à ce qu'il
dit. D'un autre côté, je lui ferai encore remarquer
que Sully, un grand homme assurément, disait

qu'il examinait toutes les idées ou mémoires qui lui étaient soumis, persuadé que, dans le plus insignifiant, le plus étrange si l'on veut, il se trouvait toujours quelque chose qui pouvait être utilisé : il ne dédaignait, il ne rejetait rien *a priori*.

Quelques personnes ont aussi blâmé diverses descriptions que j'ai faites, notamment celles de la page 21 ; quoique je trouvasse cette appréciation un peu rigoureuse, je l'ai changée et pourtant, à tout bien considérer, le tableau que j'avais fait était infiniment moins coloré que bien d'autres que tout le monde lit sans en être nullement choqué, c'est pourquoi je n'ai jamais compris qu'on m'ait cherché querelle à ce sujet. Il en est de même de plusieurs autres passages et de l'eprit général dans lequel ce livre est écrit : son but est assurément moral. Pourquoi donc ne s'élève-t-on pas contre les immondes situations dont fourmillent les romans modernes, que tout le monde lit sans s'en effaroucher, que bien loin de là on recherche avidemment ?

Mais, sans aller chercher dans ces écrits dévergondés des exemples à opposer aux critiques plus ou moins acrimonieuses faites à mon œuvre, j'en tirerai d'écrivains moraux et religieux. Ainsi, je citerai, entre autres exemples, le tableau de la chute d'Eudor dans les *Martyrs* de Chateaubriand ; ceux qu'en plusieurs passages fait Le Tasse dans sa *Jéru-salem délivrée*; ils sont, certes, autrement accentués que tout ce dont on m'a fait un grief. Cependant on met ces livres dans toutes les mains, à tous les âges; je me souviens même que le premier était lu au réfectoire pendant nos repas au collège où j'ai fait mes premières études. Mais j'irai plus loin encore, je ferai une citation prise dans un ordre infiniment plus élevé : le *Cantique des Cantiques*, qui est un de nos livres saints, inspiré par le Saint-Esprit, est-ce que je ne suis pas distancé par lui? On me dira que ce livre symbolise l'amour de N.-S. Jésus-Christ pour son Eglise; j'admets qu'il en soit ainsi, je le crois même certainement, mais les mots, les images ne sont pas moins là dans toute leur éner-gique crudité; je respecte profondément le livre saint et je me réfugie contre toute attaque sous l'ombre de ses pages.

Ici, pour inculquer plus profondément dans les esprits, ce que j'ai dit plus haut, page 131, pour ma justification, je le répéterai et j'en ferai une sorte de péroraison.

Je dirai donc, au sui plus, de même que M. Jourdain faisait de la prose sans le savoir, je crois que je me suis fait chroniqueur sans m'en douter. Villehardoin, Joinville, Froissard ont retracé les mœurs de leur époque, et personne n'a jamais songé à le leur reprocher; au contraire, on les cite à chaque instant, on conserve leurs manuscrits dans nos bibliothèques, et, malgré le très vif coloris de leurs récits, on les indique, même dans les écoles les plus cléricales, aux élèves qui y reçoivent l'enseignement, afin qu'ils y puissent aller compléter ce dont on ne leur donne que des extraits dans leurs cours; extraits qui, s'ils négligent les détails, exposent le fond, *quel qu'il soit*, remarquons-le bien. Tous les livres de morale n'entrent-ils pas dans les plus minutieuses explications, bien plus loin encore que je ne l'ai fait; cependant ils sont lus, recommandés, on les trouve dans toutes les biblothèques et sous les yeux des âmes les plus délicates.

On m'a dit entre autres choses, qu'il y avait lieu d'être surpris de ce que, condamnant le décolleté des femmes dans le monde, je les déshabille encore davantage dans mes écrits (1) : Eh! bien, je déclare que, ni à l'œil nu, ni avec le verre le plus grossissant, je n'ai pu voir ressortir rien de semblable de mes phrases à moi; vraiment, si cette partie du costume

---

(1) Allusion que l'on fait à la page 68 et suivantes de la *Femme de l'Avenir*.

des femmes disparaît presque en entier, c'est, par-
bleu! bien elles-mêmes qui l'enlèvent et qui semblent tenir beaucoup à ce stimulant exposé; moi,
je ne fais, en parlant de cette rage d'exhibition de
bustes, que décrire ce qui se fait pour le stigmatiser, je m'étonne, et, ce mot n'étant pas assez fort,
je me servirai de la locution italienne bien plus
expressive, *mi maraviglio*, qu'on soit choqué de lire
la description d'une chose que l'on contemple chaque soir de bal, sans en être offusqué, et, plus encore, qu'on permette à sa femme, à sa fille de
commettre cette immodestie.

Que si j'entre dans des détails sur ces faits, si
peu pudiques, et sur les effets qu'ils produisent, ce
n'est pas, très assurément, que je m'y complaise;
non, pas le moins du monde. Mais j'ai dû penser
que les femmes rougiraient de honte à ces peintures,
et comprendraient enfin le sentiment de la pudeur
qu'elles semblent étouffer en elles; et, pour appuyer
ce que j'ai dit, sur les impressions que produit leur
nudité de gorge, j'ai cité un passage du poème écrit
par l'une des plus hautes intelligences dont s'honore
l'Italie, Le Tasse; ce n'est donc pas moi qui pro-
mène mes lecteurs sur ces charmes dénudés, c'est
l'immortel génie dont je cite les propres paroles, et
qui, lui, était profondément initié par sa puissante

intelligence, sa connaissance du cœur humain et ses
sûres et judicieuses observations, à tout ce qui peut
surexciter en nous les passions ; pour moi, je ne
suis que l'humble, le très humble écho de cette
voix sonore, harmonieuse et autorisée qui retentit
à travers les siècles, et devant laquelle je m'incline,
écrasé que je me sens être par la grandeur de ce
génie ; c'est donc à l'ombre sublime du grand poète
philosophe, qui plane si haut dans les sphères intel-
lectuelles, que l'on doit jeter la pierre si on l'ose.

On dit que mes livres sont de ceux qu'on ne laisse
pas traîner au hasard, et qu'on ne voudrait assurément pas les mettre entre les mains d'aucune femme
que l'on respecterait ; en vérité, il semblerait que j'ai
écrit d'immondes énormités ; mais, pour être conséquents, vous qui affectez d'être si timorés, ne lais-
sez donc pas courir sur vos tables ces romans nouveaux publiés soit en volumes, soit en feuilletons
dans les journaux, dans lesquels sont décrites les
situations les plus émouvantes de la passion, à
peine recouvertes, et même pas toujours, d'une
gaze si transparente, qu'elle ne voile absolument
rien, où sont exposées avec complaisance et en style
brûlant les maximes les plus dissolues.

Eh ! bien, oui, je conviens que, très certainement,
mes livres ne peuvent pas être laissés entre les mains

d'une jeune fille, ils ne sont pas écrits non plus pour cela ; mais lui donnerait-on à lire tous les traités de morale que renferme la bibliothèque d'un grand séminaire et qui traitent ces mêmes matières, ou bien encore des ouvrages d'anatomie ? Cependant ils sont imprimés ; le premier venu, homme, femme, jeune garçon ou fille, peut les acheter chez le libraire, qui, s'il ne les a pas, les fait venir par son correspondant.

Ici, je vous poserai cette question, à vous qui condamnez mes livres plus ou moins rigoureusement : avez-vous lu le discours du P. Lacordaire sur la chasteté ? Je ne le suppose pas, d'après votre manière de voir sur mes œuvres. Ce discours, après avoir été prêché à Notre-Dame de Paris, devant un auditoire d'élite, fut le lendemain reproduit dans tous les journaux religieux et autres de la capitale, et mis, par conséquent, à la portée de tous, quels que soient leur âge et leur sexe ; est-il jamais venu à l'idée de qui que ce soit de lui appliquer le shoking anglais ? Tout au contraire, il était admiré, prôné, on le voyait étalé dans tous les salons de la grande ville, et de là il s'élançait sur les ailes de la presse ; et allait dans toute l'Europe : j'engage mes critiques qui ne connaissent pas ce chef-d'œuvre d'éloquence, à le lire. Et, plus récemment encore, n'avons-nous pas eu les sermons du P. Didon sur la question du divorce ?

Aussi, en examinant ce qu'ont dit ces hautes célébrités de la chaire, je m'étonne que l'on me puisse blâmer d'avoir marché sur leurs traces dans leurs hardiesses ; le seul reproche qui puisse m'être fait, c'est de n'avoir pas eu le talent nécessaire pour atteindre l'élévation de style et de pensée de ces deux gloires du clergé français : *Non licet omnibus adire Corinthum;* que voulez-vous ? on fait ce qu'on peut et non ce qu'on veut.

Maintenant, passant à un autre ordre d'idées pour ma défense, j'invoquerai les lettres que j'ai reçues ; j'en ai d'ecclésiastiques, de simples laïques, d'écrivains, de journalistes, j'en ai même d'évêques, et plus haut encore dans la hiérarchie sociale.

Je pourrais copier toutes ces lettres, mais ce serait un long travail, en n'en donnant même que des extraits, et cela me paraît inutile ; je me bornerai à deux : la première est d'un vénérable prêtre qui est investi de toute la confiance de son supérieur l'archevêque, elle est écrite sur une carte de visite qui m'a été adressée sous enveloppe : en voici la teneur mise à la suite du nom : « remercie cordialement

« M. le chevalier de Maynard de son beau chant (1);
« et le félicite de son courageux et précieux travail
« sur l'amour, si plein d'opportunité. »

La seconde de ces lettres est d'un brave et loyal
Breton, membre de plusieurs sociétés savantes,
très religieux sans exagération. Il s'exprime ainsi :
« J'étais bien persuadé que vous ne restiez pas
« inactif; votre ardeur au travail, votre désir d'être
« utile à notre triste espèce vous défendaient le
« *statu quo* ; c'est donc sans étonnement, mais avec
« grand plaisir, que j'ai reçu votre excellent livre
« que je viens de lire avec le plus vif intérêt. J'en
« ai noté plus d'une page, communiqué plus d'un
« feuillet à ma chère moitié, et je compte bien l'en-
« voyer à mon excellent gendre, jeune docteur fixé
« à..... fils unique d'un conseiller à la cour de.....
« qui était mon plus vieux collègue et ami. »

J'ai cru devoir remplacer par des points un nom
de personne et un nom de lieu, la discrétion com-
mandait cette réserve.

Enfin, ce même monsieur, qui ne me fait pas la
plus légère réflexion au point de vue si méticu-
leusement pudibond de celles contre lesquelles je

(1) J'avais envoyé en même temps que mon livre, un chant
sur un sujet religieux.

réclame, me dit seulement avec tout son esprit :
« En composant votre volume (il s'agit de l'*Amour*
« *et le Divorce*), vous avez dû vous dire souvent :
« *Incedo per ignes*, mais vous avez évité avec un
« grand sens et un vrai bonheur les écueils de
« Charybde et de Scylla. » Cela est très vrai, mais à
moins d'être singulièrement combustible et qu'on
y ait le cœur considérablement préparé par le virus
phosphorescent qu'y aurait inoculé le ver de la
luxure, on peut facilement traverser ces flammes
que réflètent mes pages, sans en être plus atteint
que ne l'étaient par celles de la fournaise dans
laquelle les avait fait jeter Nabuchodonosor, les
trois jeunes hommes dont parle la Bible.

J'avais dit que je ferais seulement deux citations,
mais je ne puis résister au désir qui me pousse à
une troisième, elle est encore d'un éminent archevêque, autre que celui cité plus haut : « Je pense
« comme vous ; vous signalez une des principales
« causes de nos malheurs actuels, aussi ferai-je
« tout le possible pour propager votre excellent
« livre. »

A ces citations, je puis ajouter que c'est en m'inspirant du conseil de frapper plus fort pour inculquer
davantage mes réflexions que j'ai écrit ; et ce conseil m'était donné par un homme d'un esprit à la

fois fin, énergique, délicat et judicieux, Bérard, le spirituel auteur des *Cancans*, ces charmants follicules qui ont couru toute l'Europe. Il venait de lire la première édition de la *Femme de l'Avenir*; je me suis conformé à cet avis dans la seconde, et dans le livre qui l'a suivie, l'*Amour et le Divorce*.

Que si quelques personnes ultra-timorées, peut-être même pas trop bien disposées à mon égard, peuvent me blâmer, on doit certainement penser qu'après tout ce que je viens de faire passer sous les yeux, après tant d'honorables témoignages de sympathie pour mes deux livres, je suis largement compensé et que je ne puis que me féliciter de les avoir écrits et repousser la qualification de traité de haute pornographie, qui leur a été donnée par une personne, une seule personne qui s'est fait l'illusion de s'imaginer qu'une position élevée qu'elle occupe, lui donnait droit de s'exprimer autoritairement, sans savoir se rendre compte qu'en dehors du cercle dans lequel s'exercent ses fonctions, cette autorité s'évanouit comme un son qui frappe l'air, et se perd dans l'espace ; toutefois, cette appréciation n'a eu ni similaire, ni écho ; je dois pourtant reconnaître que cette personne a le soin d'entourer ses réflexions de toutes sortes de précautions oratoires et de circonlocutions qui m'ont rappelé le vers de Molière :

Le seigneur Jupiter sait dorer la pillule,

J'ai conservé comme type du genre prétentieux la lettre de ce monsieur et, à ce sujet, je dirai : ô ! ultra shoking ne venez donc pas en présence des hauts témoignages de sympathie que j'ai reçus, vous faire..... j'aurais dit jadis, plus royaliste que le roi, mais aujourd'hui que les temps sont changés, l'usage doit aussi être modifié et se traduire par : plus républicain que le Président de la République.

Eh ! qu'on y prenne garde, les jugements contre lesquels je m'inscris atteignent, non seulement mon œuvre, mais encore toutes les honorables ou éminentes personnes qui lui ont donné leur suffrage ; elles sont touchées du même coup.

Aussi je répéterai, en y insistant, ce que j'ai dit à la fin du troisième chapitre : allez, allez donc, pseudo-timorés, vous tous qui avez si acrimonieusement déversé votre... blâme sur mon œuvre, allez, je vous renvoie à l'appréciation du P. Didon ; moi, je me réfugie contre vos traits venimeux sous l'égide de la parole de ces grands orateurs cités déjà ici et plus haut sous la sauvegarde de tous les lecteurs sensés qui ont le cœur et l'esprit droits, et la conscience sûre et éclairée, et qui, par suite, apprécient avec justesse et équité.

Quant aux poésies psychologiques qui forment la quatrième partie de mon livre, je suis fondé à croire que le critique s'est trompé en les appelant dédaigneusement *mirlitonesques* ; les applaudissements et félicitations qu'elles m'ont valu à l'une des séances de la section des lettres au congrès de Rodez et en séance générale à celui de Périgueux, m'en donnent l'assurance.

Enfin, on m'a reproché l'hymne au Sacré-Cœur qui termine ce livre, comme étant placé là par un manque de tact ; l'auteur de cette critique n'a pas fait attention que, comme il le remarque lui-même, j'ai traité de l'amour à tous les points de vue, ce qui peut s'exprimer par ces mots : anthropologique, physiologique, psychologique, social et mystique. N'ai-je pas, d'ailleurs, annoncé dans ma préface qu'en envisageant mon sujet sous ce dernier aspect, après l'avoir montré sous ses plus hideuses faces, ce serait pour reposer mon esprit et celui des lecteurs que je remonterais jusqu'à la divine origine de l'amour? c'est ce que j'ai fait en allant jusqu'au Sacré-Cœur de Jésus, qui en est le foyer.

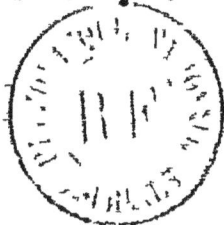

TABLE DES MATIERES

—

PARIS. — IMP. V. GOUPY ET JOURDAN, RUE DE RENNES, 71.

www.ingramcontent.com/pod-product-compliance
Lightning Source LLC
Chambersburg PA
CBHW070615100426
42744CB00006B/489